AF542113

OBSERVATIONS

SUR LE DISCOURS

DU REPRÉSENTANT DU PEUPLE

GIBERT-DESMOLIÈRES,

Prononcé à la tribune du conseil des Cinq Cents, le 28 thermidor, concernant le rapport du ministre des finances, sur l'état des recettes actuelles du trésor public; avec quelques réflexions générales sur les impôts; et particulièrement de l'impôt sur le sel, perçu à l'extraction des salines et marais salans.

Par SAINT-AUBIN, Professeur de Législation.

A PARIS,

Chez DU PONT, Libraire, rue de la Loi, No. 1231.
DESENNE, GOSSET, Veuve DURAND, Palais Égalité,
Et chez tous les Marchands de Nouveautés.

Fructidor, an V. — 1797.

OBSERVATIONS

SUR LE DISCOURS DU REPRÉSENTANT DU PEUPLE

GIBERT-DESMOLIÈRES,

Prononcé à la tribune du conseil des Cinq Cents, le 28 thermidor, concernant le rapport du ministre des finances, sur l'état des recettes actuelles du trésor public ; avec quelques réflexions générales sur les impôts, et l'impôt sur le sel, perçu à l'extraction des salines et marais salans.

Par SAINT-AUBIN, *Professeur de Législation.*

Paris, le 2 fructidor, an 5 de la république.

Je ne peins pas comme à la cour,
Où tout se peint en beau.

Voltaire, dans sa Pucelle d'Orléans.

JE ne me rappelle plus l'époque depuis laquelle on discute les moyens de pourvoir aux dépenses publiques ; je sais seulement que pour les rentiers et fonctionnaires publics qui jeûnent en attendant le résultat, ce temps est vraiment ce qu'on appelle un temps immémorial.

Le pis est que le mal va tellement en croissant, que bientôt il sera au-dessus de tous les remèdes. D'abord, les fonctionnaires publics et employés n'étoient arriérés que d'un ou de deux mois, la plupart aujourd'hui le sont de cinq à six. Ils sont exactement dans l'état de ce domestique suisse, obligé de dîner après son maître. Quand je suis arrivé à Paris, dit-il, on dînoit à deux heures; quelque temps après, on s'est mis à dîner à trois heures, puis à quatre, aujourd'hui on dîne à cinq; si cela continue, je crains qu'on ne finisse par dîner le lendemain.

Et les prisons, et les hôpitaux, et presque tous les établissemens publics, et sur-tout les grandes routes, dont plusieurs sont dans un tel état de dégradation, que si l'on n'y remédie promptement, elles n'existeront bientôt plus que sur les cartes géographiques. Leur amélioration et entretien sont cependant un des élémens essentiels du commerce intérieur et extérieur et du bas prix des denrées.

Ce sont là des faits, et des faits incontestables contre lesquels tous les rapports et discours du monde ne peuvent rien.

« On a dilapidé, on a détourné les fonds destinés à plusieurs de ces dépenses, pour les appliquer à d'autres objets moins urgens. »

Soit: qu'on recherche et qu'on fasse punir avec sévérité et courage les dilapidateurs, qu'on prenne des mesures telles que ces dilapidations ou *détournemens* ne puisse plus avoir lieu. Mais refuser des fonds, ou, ce qui revient au même, retarder l'établissement des moyens pour s'en procurer, jusqu'à ce qu'il ne soit plus temps, parce que ceux qu'on avoit accordé ont été mal employés, c'est enrayer par le fait tous les rouages de la machine politique, et donner aux malveillans le prétexte de calomnier les intentions du corps législatif. C'est indisposer contre lui tous ceux qui n'ont pour thermomètre de leur opinion politique que leur estomac (1), et dont le nombre est beaucoup plus grand qu'on ne croit.

En effet, comment un rentier, qui après avoir fait queue (2) depuis quatre heures du matin jus-

---

(1) J'ai entendu un homme d'esprit à qui l'on parloit des royalistes, faire une distinction qu'on peut appliquer aux jacobins et à tous les partis quelconques.

Il y a, dit-il, trois espèces de royalistes; 1°. les royalistes de tête qui le sont par système, ce seroient les plus à craindre, s'ils étoient un peu nombreux. Mais le nombre des gens de tête en général n'est pas très-grand, et dans ce nombre il y en a peu qui soient des têtes à systêmes; et puis tous ces systêmes ne sont pas royalistes. 2°. Les royalistes de cœur, les ex-marquis et marquises, les ex-financiers, ex-généraux, ex-administrateurs, etc. qui gémissent de ne plus être ce qu'ils étaient. Ceux-là sont à plaindre, mais ils ne sont pas dangereux; il seroit tyrannique de leur en vouloir de ce qu'ils maudissent la république au coin du feu, heureux si quelques journaux recueillent leurs regrets tardifs des vieilles habitudes. 3°. Les royalistes du ventre. Oh! pour ceux-là, ils sont vraiment à craindre, parce qu'ils forment le grand nombre. Ce diable de ventre est royaliste sous la république, et jacobin sous la monarchie. Mettez au lieu du mot *royaliste*, le mot *jacobin*; au lieu des mots d'*ex-marquis*, *ex-financiers*, ceux d'exproconsul, ex-membre d'un comité révolutionnaire, etc. et la distinction s'appliquera aux frères et amis. Aussi le service le plus essentiel que nous aient rendu Bénezech et Cochon, c'est de nous avoir garantis des factieux du ventre, l'un en nous procurant du pain, et l'autre en empêchant qu'on ne le pillât.

(2) Ces queues sont moins inconcevables que le silence absolu du public qui voit tous les jours ce scandale. Que diroit-on d'un particulier qui, ne payant à ses créanciers que 35 pour cent, mais ayant cependant de quoi payer ces 35 pour cent, organiseroit sa caisse de manière que chaque créancier, après avoir passé par une foule de formalités telles que certificats de résidence, etc. fût encore obligé de faire dix à douze heures d'anti-chambre en plein air? Dire qu'on peut ne pas organiser ce paiement d'une manière plus commode et raisonnable; c'est avancer une absurdité. On ne peut exiger d'un débiteur qu'il paye au-delà de ses facultés; mais au moins peut-on exiger que ce qu'il paye, il le donne de bonne grace.

qu'à deux heures de l'après-midi, s'est vu renvoyé au lendemain pour toucher des quarts et trois quarts, qui réunis ne font pas un tiers ; comment un employé à qui il est dû quatre ou cinq mois d'appointemens, peut-il entendre de sang-froid parler de plans généraux de finances, de tableaux de recettes et dépenses, qui demandent à vue d'œil un mois avant qu'ils soient discutés et adoptés, en supposant même qu'on les adopte? il me semble voir un homme affamé, qui après avoir attendu long-temps son dîner, va à la cuisine, et y trouve les cuisiniers qui disputent quels jours de l'année on lui fera faire gras ou maigre. Hé parbleu! donnez-nous pour aujourd'hui ce qu'il y a, après vous disputerez à votre aise sur la carte de l'année; il n'y a qu'un fou qui, étant à jeun, puisse s'extasier devant une carte, un plan, ou un tableau.

Ceux qui, dans les circonstances actuelles où la paix n'est pas faite, où l'état de notre actif et passif est inconnu, non pas à des millions, mais à des centaines de millions, je dirai même, à des milliards près, où la recette des impôts existants a tellement varié de mois en mois, où la répartition et la perception sont si mauvaises, qu'il est impossible d'avoir même un apperçu approximatif de leur produit annuel, ceux, dis-je, qui dans ces circonstances, me parlent de plans généraux, de tableaux, etc, parlent pour moi, non du grec que j'entends un peu, mais de l'hébreu ou de l'arabe que je n'entends pas du tout. Restreindre les dépenses, n'accorder des fonds que pour celles qui paroîtront indispensables, (1) mettre de l'ordre dans la perception

---

(1) La meilleure preuve du peu d'utilité de ces états et tableaux *préliminaires* dans les circonstances actuelles, se trouve dans l'apperçu des dépenses de l'an 5, présenté l'année dernière par le directoire, et répété depuis je ne sais combien de fois par les différens rapporteurs des commissions de finances et de dépenses, et par presque tous les orateurs qui ont discuté cet objet à la tribune.

et la répartition des impôts existants, établir *momentanément*, et avec la clause expresse de leur extinction au bout d'un tems limité, les impôts additionnels qui paroîtront les moins vexatoires et les plus instantanément productifs, exiger du tout des comptes exacts et faits d'après des modèles donnés, voilà tout ce qu'on peut faire pour le moment; et si, en le faisant on parvient, non pas à équilibrer parfaitement la recette avec la dépense, mais seulement à diminuer graduellement le déficit scandaleux qui les sépare, on aura travaillé bien, mais très-bien. Après la paix on fera mieux.

Ce n'est même que quelque tems après la paix qu'on pourra s'assurer de la bonté ou des vices de plusieurs impôts, et de leur produit; le tems de la guerre, et les premiers mois de paix qui sont encore un tems de guerre, ne peuvent fournir à cet égard aucune donnée sur laquelle on puisse compter. Les raisonnemens même sur les avantages et inconvéniens des impôts de l'ancien régime, ne

---

D'après cet état très-détaillé, il falloit un milliard, pas un sol de plus ni de moins. Voilà cette année échue, il s'en faut qu'on en ait dépensé la moitié, et cependant la machine est allée. Il est vrai que dans la recette on n'avoit pas compté les contributions en argent et celles bien plus fortes en denrées et marchandises de toute espèce levées pour l'entretien de nos armées; comme d'un autre côté il s'est trouvé plusieurs objets de dépenses de plus ou de moins qu'on n'avoit pas prévus. Mais c'est présisément parce que dans l'état actuel des choses, il est impossible de prévoir une foule d'incidens qui diminuent ou augmentent de tant de millions la recette ou la dépense, que les *budgets* et apperçus sont absolument chimériques. On avoit demandé l'an dernier, un milliard dont on n'a pas dépensé la moitié, il est possible que cette année on ne demande que 500 millions, et qu'on dépense le double; cela dépend de la continuation et du succès ou des revers de la guerre, du produit ou des non-valeurs des impôts indirects, du produit de la vente des biens nationaux, etc.

disent rien, puisqu'entre la forme du gouvernement, le caractère des gouvernans et des gouvernés d'alors et d'aujourd'hui, il existe trop peu de rapport pour pouvoir comparer des objets aussi disparates.

» Mais, dit-on, (et c'est là le *petit mot*, qui » parbleu n'est par le mot pour rire,) c'est pré- » cisément pour avoir cette paix après laquelle » soupirent la France entière, et la plus grande » partie de l'Europe, qu'il ne faut pas accorder au » gouvernement des fonds qu'il employeroit à la » continuation de la guerre. »

Supposons d'abord que le vœu et l'intérêt apparent de la majorité du directoire soient pour la guerre, alors le meilleur moyen pour la continuer, avec le consentement même de la nation, seroit d'engager le corps législatif à lui refuser tous les fonds nécessaires pour cet objet, et de faire publier cette détermination sur les toits. L'Angleterre et l'Empereur enhardis par ce refus prononcé ou évident, refuseroient à leur tour les conditions de paix les plus raisonnables, et le directoire, en publiant ces conditions et le refus des ennemis, forceroit non-seulement le corps législatif, mais la nation entière à demander la continuation de cette même guerre dont on desire tant la fin.

On voit par-là que ce beau moyen de nous donner la paix, va directement contre le but.

Si au contraire le corps législatif tient des ressources *toutes prêtes*, (car il ne suffit pas de les décréter lorsqu'on y sera contraint), pour forcer l'ennemi à proposer ou à accepter des conditions raisonnables, et que le directoire refuse celles qui sont offertes, ou en propose de déraisonnables, le corps législatif qui ne pourra manquer d'en avoir connoissance, aura alors des motifs avoués par toute la nation, pour refuser les fonds demandés. Je dis : qu'il ne pourra manquer d'en avoir connoissance, parce que les ennemis publieroient bientôt ces conditions, quand même le directoire voudroit les garder *in petto*, quoique je sois convaincu què le corps législatif peut constitutionnellement exiger qu'on lui communique officiellement le résultat ou même l'état des négociations, lorsqu'il s'agit d'accorder des fonds pour continuer la guerre. Pour le démontrer, il suffit de réfléchir, 1°. sur l'absurdité qu'il y auroit à accorder des fonds, lorsqu'on ne sait pas s'ils sont nécessaires; 2°. sur l'article de la constitution qui oblige le gouvernement à communiquer au corps législatif ces mêmes conditions, lorsqu'elles ont été arrêtées par un traité de paix.

En second lieu, préparer des ressources et des moyens d'avoir des fonds au besoin, et les accorder, sont deux choses très-différentes. On peut aller audevant du premier objet, et être très-réservé sur le second.

J'ai supposé que l'intérêt *apparent* du directoire étoit pour la continuation de la guerre; son intérêt réel est la paix; à peine nous l'auroit-il procurée, qu'il seroit comblé de bénédictions, et tous ses torts réels ou apparens oubliés, tandis qu'en y mettant des obstacles, il deviendroit l'objet de l'exécration non-seulement de la France, mais de l'Europe entière. Mais pour pouvoir nous procurer cette paix, il faut aussi lui fourir les moyens; il faut au moins pourvoir aux dépenses urgentes, et je vais démontrer que les ressources actuelles n'y suffisent pas.

Si pour prouver le contraire, il suffisoit d'alléguer les ressources sur papier, les impôts décrétés, je serois rudement en défaut; mais, comme l'a dit un membre du Conseil des cinq-cents, une presse et des registres ne sont pas des recettes.

La contribution foncière et personnelle est fixée

à 300 millions, à quoi il faut ajouter plus de 50 millions pour les sols additionnels destinés à payer les dépenses locales d'administration qui, par parenthèse, ne sont pas les moins urgentes. Je ne crois pas que, sur celle de l'an 5 qui est prête à finir, on ait encore perçu un cinquième complet, quoique la perception du troisième cinquième soit déjà en activité. Il est douteux qu'en tout il rentre trois cinquièmes sur la totalité des 350, ensorte que sur ce seul article qu'on a assigné comme une ressoure sûre et prompte, il y aura un arriéré de plus de 140 millions pour cette année.

Pourquoi cela ?

Ce n'est pas parce que la contribution est trop forte, comme on le crie à tuetête, mais parce qu'elle est exécrablement mal répartie, et encore plus mal perçue.

Quant à la répartition, les municipalités de campagne qui forment la majeure partie de la population et du produit des contributions directes, font cette répartition avec une partialité révoltante. Tout le fardeau tombe sur les propriétaires aisés, et surtout sur les forains qui ne cultivent pas par eux-mêmes, et résident dans les villes; on les écrase, tandis que les habitans du lieu, et les petits propriétaires payent peu ou rien. Il arrive de-là deux inconvéniens, le premier que tout en ruinant beaucoup de propriétaires, l'impôt rend peu, parce que ce sont les petites cotes qui font le grand nombre et qui grossissent la masse, comme les petits ruisseaux forment la rivière. Le second, que les propriétaires forains qu'on écrase, étant dans la classe la plus instruite et la plus répandue dans les villes, leurs plaintes fortifient le préjugé que la contribution en elle-même est trop forte et vicieuse, parce que ceux qui s'écrient contr'elle, non-seulement se plaignent avec raison, mais ont le plus de moyens de le faire entendre et croire, lors même qu'ils exagèrent.

Quant à la perception, le ministre, dans un excellent rapport à ce sujet, rapport que j'ai analysé dans le journal d'Economie publique de Rœderer, a démontré jusqu'à l'évidence que la forme actuelle étoit évidemment mauvaise, que pour l'améliorer, et effacer en même-tems graduellement les vices de la répartition, il falloit créer une direction particulière et centrale. Le Conseil des anciens a rejetté la résolution *déjà tronquée* que le Conseil des cinq-cents avoit prise à ce sujet pour des motifs que je ne m'amuserai pas à réfuter, parce que tout le monde sait que les véritables motifs et de l'altération du projet de résolution, et du rejet, étoient d'une part la crainte d'augmenter la puissance du directoire, en lui fournissant les moyens de nommer ses agréables à une foule de places, et d'un autre côté la haine contre le systême des économistes, qu'on croit réduire au silence, en rendant nul le produit de l'impôt qu'ils regardent avec raison comme le premier de tous. C'est ainsi qu'en faisant attention aux personnes, au lieu de n'avoir en vue que la chose, on fait échouer les meilleures mesures. Si l'on avoit adopté dans le tems celle-ci, à laquelle il faudra bien revenir tôt ou tard, à moins de vouloir réduire de moitié la contribution directe, et de ne percevoir que le tiers de cette moitié-là, le produit de cet impôt fondamental, le plus assuré et le plus productif de tous, seroit double de qu'il est, et la répartion déjà bien améliorée. Quand on y reviendroit aujourd'hui, ce seroit trop tard pour pouvoir en tirer parti dans le courant de l'année.

Comment d'ailleurs compter sur le produit de la contribution foncière, lorsqu'il s'agit de la percevoir avant la récolte, lorsqu'il faut, comme cela se fait aujourd'hui, envoyer des garnisers chez les laboureurs et fermiers, pour leur extorquer l'argent indispensable pour le paiement des moissonneurs et autres journaliers, au plus fort des travaux de la campagne? Sous l'ancien régime même, qui à cet égard n'étoit pas très-doux, on ménageoit les contribuables pendant les quatre à cinq mois que ces travaux durent.

Les patentes de l'an 5 ont été perçues et mangées; je ne sais pas comment, avec l'expérience de l'année dernière, on a pu avancer que celles de l'an 6 pourroient être perçues en vendémiaire; on sera fort heureux si on en a perçu la moitié deux mois après.

Les droits d'enregistrement qu'on portoit à cent millions, en ont à peine rendu 48, et le peu de valeur des terres, joint à la rareté du numéraire et des capitaux disponibles, ne permet pas d'espérer, d'ici à quelque temps, une augmentation considérable.

En parcourant ainsi successivement les autres impôts indirects, on verra que quand même ils seroient suffisans pour couvrir la dépense, leur produit arriéré et insuffisant forceroit de recourir à d'autres expédiens.

Restent les biens nationaux à vendre, conformément à la loi du 16 brumaire. Cette ressource est immense, lorsqu'il s'agit d'éteindre la dette publique, mais le numéraire qu'on en peut tirer dans le moment actuel se réduit à bien peu de chose. J'en appelle là-dessus à l'expérience qui prouve que les biens patrimoniaux se vendent avec peine sur le pied de douze années de revenu, payées comptant.

La question se réduit donc à savoir : 1°. non pas si les ressources actuelles sont suffisantes pour couvrir les dépenses de l'année, en supposant ces ressources réalisées; mais si, avec les non-valeurs et l'arriéré qu'elles ont fournies, il ne faut pas en chercher de nouvelles? 2°. A choisir, parmi les impôts nécessaires pour suppléer au déficit évident qui existe, non pas uniquement ceux qui sont les meilleurs, mais ceux qui peuvent rapporter de l'argent de suite, parce que c'est tout de suite qu'il faut de l'argent, et non pas un de ces jours.

Tout impôt dont la perception exige de grands établissemens préparatoires, des barrières, etc., doit être rejetté, jusqu'à ce qu'on se soit tiré de la presse.

Si au lieu d'établir sur-le-champ ces impôts, on s'amuse à discuter entre les plans et systêmes des économistes, des prohibitistes et moyennistes, à examiner des plans généraux de dépense et de recette, on s'embourbera tellement dans l'ornière qu'à la fin il faudra en venir, je ne dis pas à une taxe de guerre, mais à une taxe de paix.

Après ces observations préliminaires, relatives à l'état actuel et particulier des choses et des personnes, je vais placer ici quelques réflexions sur les impôts en général, réflexions nécessaires pour l'intelligence de l'analyse du discours de Gibert-Desmolières, sur le rapport du ministre des finances. Comme mon dessein n'est point de donner ici la théorie générale de l'impôt, pour laquelle il nous manque encore bien des données, je n'ai présenté que des réflexions détachées, qui peuvent paroître isolées, mais non inutiles.

Voici d'abord les quatre principes fondamentaux posés par Smith, et que tous les écrivains d'économie politique regardent comme tels, pour l'établissement et le choix des impôts. Je les place ici parce qu'on ne sauroit trop les répandre, et que je connois des discussions et écrits sans nombre sur cette matière, qui prouvent que Smith est trop volumineux, pour que tous ceux qui en ont besoin aient le temps et la patience de le lire.

Pour qu'un impôt ne soit ni injuste ni vexatoire, il faut; 1°. qu'il soit égal, c'est-à-dire proportionnel au revenu imposé des contribuables, ce qui ne veut pas dire qu'il soit progressif, comme le veulent ces niveleurs que le citoyen Jollivet a réfutés avec tant de force dans son écrit sur l'impôt progressif. (1)

Les privilèges, dont jouissoient tant de contribuables sous l'ancien régime, étoient une violation ouverte de ce premier principe.

2°. Il faut que l'impôt que chaque contribuable doit payer soit certain et non arbitraire. Le temps du payement, la manière de payer et la quotité à payer, doivent être connus et certains pour tout le monde. Ce principe, en fait d'imposition, est d'une telle importance, que l'expérience de toutes les nations prouve qu'un petit degré d'incertitude est plus funeste qu'un grand degré d'inégalité. C'est que, dans le dernier cas, on est vexé par la loi qui est injuste, tandis que dans le premier, on l'est par les individus chargés de l'exécuter, ce qui paroit plus révoltant.

La taxe somptuaire et mobiliaire ont ce grand inconvénient. L'emprunt forcé, tel qu'il étoit décrété, l'avoit par excellence.

3°. Il faut que l'impôt soit perçu dans le tems et de la manière qu'il convient le mieux aux imposés.

La contribution directe payée en partie avant la récolte, et pendant les travaux de la moisson, comme cela se pratique aujourd'hui, pèche contre ce principe. Tout impôt perçu en bloc, et sans égard à l'époque de la jouissance, a le même inconvénient. L'homme aime mieux payer peu à peu et au moment qu'il jouit, que payer en gros, ou lorsque la jouissance n'a laissé que des regrets. C'est une foiblesse,

---

(1) Cet ouvrage se trouve à Paris, chez Du Pont, rue de la Loi.

une sottise de sa part; mais il est fait comme cela aujourd'hui, et il se passera bien du temps encore avant que cela change.

4°. Tout impôt doit être combiné de manière qu'il ne sorte des mains du peuple, que le moins possible, au-delà de ce qui doit entrer dans le trésor public.

On peut tirer ce superflu nuisible de quatre manières différentes.

1°. Lorsque l'impôt demande un grand nombre d'agens dont les salaires absorbent une partie du produit, et qui de plus peuvent lever une taxe additionnelle par leur inquisition. 2°. Lorsqu'il gêne l'industrie générale, en l'empêchant de s'appliquer à telle ou telle culture ou travail; l'impôt sur le tabac, les forts droits de maîtrise sont dans ce cas. 3°. Lorsque l'impôt excite assez à la fraude, pour qu'il entraîne un grand nombre de confiscations et d'amendes. 4°. Lorqu'il exige des inquisitions et visites domiciliaires et d'autres vexations qui n'occasionnent pas une dépense réelle d'argent, mais qui équivalent au moins à l'argent que donneroient les contribuables pour s'en racheter.

Plus un impôt est conforme à ces principes, plus il est préférable; je n'en connois aucun qui soit exactement conforme à tous; le meilleur impôt imaginable en blesse plus ou moins, un ou plusieurs. L'impôt foncier direct, qu'on peut rendre très-conforme au premier, au second et au quatrième principe, est difficile à concilier avec le troisième, que remplissent fort bien les impôts indirects, mais qui à leur tour sont presqu'inconciliables avec le quatrième. Il faut donc choisir ceux qui réunissent, non pas le plus d'avantages, mais le moins d'inconvéniens.

A côté de ces principes de Smith, sur la nature

des impôts, plaçons ceux que Montesquiou établit dans son dernier écrit sur l'administration des finances de France, d'après les loix constitutionnelles et les principes d'un gouvernement libre et représentatif, écrit que je voudrois voir entre les mains de tous ceux qui s'occupent de cette matière, quoiqu'il y ait plusieurs assertions qu'on peut contester.

» Il est deux principes fondamentaux dont il faut » que les chefs d'une république n'entreprennent » jamais de s'écarter. Le premier de tous, c'est qu'ils » ne sont que les économes d'un peuple souverain, » et que le fait des contributions, ainsi que celui de » la liberté individuelle, sont peut-être les seuls sur » lesquels le peuple ait des idées nettes de ses droits » et de sa souveraineté. Toute exaction sur les biens, » comme tout acte arbitraire sur les personnes, est » du danger le plus éminent pour un gouvernement » qui n'a de force que dans l'assentiment du peuple. » Le jour où la puissance gouvernante commence à » se faire appercevoir autrement que par l'examen » paisible de la loi, ou que la loi exige des sacrifices » au-dessus des forces et du bien-être commun, les » pouvoirs républicains sont ébranlés. Leur action » n'est puissante qu'autant qu'elle ne se montre que » comme celle de la providence.

» Ainsi dans une république, les contributions » doivent être beaucoup plus douces que dans une » monarchie où les idées d'obéissance sont liées à » celle d'une sorte de puissance étrangère au reste » des citoyens. Elles doivent sur tout être établies » dans une proportion très-exactes avec les propriétés. La perception, quoique régulière, doit en » être faite sans menaces, sans contrainte, et aux » époques les plus favorables. Toutes les formes » doivent être paternelles, toutes doivent rappeler

» au peuple qu'il contribue librement aux dépenses » publiques, que la charge qu'il supporte pèse également sur tous les citoyens, et est consentie par » eux. Tel est le principe qui doit diriger le législateur dans l'établissement des contributions directes, » et le pouvoir exécutif dans sa perception.

» De ce principe résulte une conséquence : c'est » que dans une république, il seroit très-dangereux » de former son budget comme dans une monarchie, » en commençant par faire le tableau de ses dépenses, » et ensuite en y appropriant la somme des revenus. » On y peut réduire sans danger la plus grande partie des dépenses publiques ; on ne peut sans danger augmenter à son gré les revenus publics. » Ainsi dans une monarchie le prince peut élever » les revenus au niveau des dépenses, et dans une » république, ce sont les dépenses qu'il faut abaisser » au niveau des revenus.

» Un autre principe fondamental dans les républiques, c'est que l'on ne doit y admettre, sous » aucun prétexte, le genre d'impositions qui donne » à des hommes une action inquisitoriale à exercer » sur d'autres hommes.

» Ainsi, un impôt dont la base seroit une prohibition, et qui autoriseroit à des visites domiciliaires, à des saisies, à des confiscations, à » des procédures hors de l'ordre ordinaire, répugneroit à l'essence d'une république. Uu gouvernement ne peut employer ce genre d'autorité » sans devenir odieux ; et dès qu'un gouvernement » républicain est haï, il ne peut subsister, car le » peuple constamment électeur de ses chefs, ne » peut consentir long-temps à se donner des tyrans.

» Il résulte de ce principe que les impôts indirects ne peuvent porter sur aucun genre de mo-

» nopole, ne doivent inviter à aucune fraude, ni » gêner d'aucune manière le droit qu'a chaque » homme d'exercer à son gré son industrie, de » disposer à son gré de sa propriété.

» Il y a deux sortes de dépenses publiques ab- » solument différentes, et nécessaires à distin- » guer.

» 1°. Celles qui ont pour objet la défense com- » mune, la justice commune, l'administration » commune, les travaux publics d'utilité com- » mune; à quoi il faut ajouter les dépenses qui » n'intéressent en commun que les fractions de la » société; 2°. Celles qui sont relatives au paiement » des intérêts de la dette publique et à son amor- » tissement.

» Celles de la première classe sont les vraies pri- » vilégiées; car sans leur acquit il n'y a point de » société; et là où il n'y a point de société, il ne » peut y avoir d'engagemens publics. Il faut bien » assurer l'existence sociale avant de penser aux » engagemens contractés par la société.

» D'ailleurs, une dette publique est un accident; » un corps politique bien régi n'auroit point de » dette, et au commencement de son existence » il n'en avoit point; toutes ses dépenses avoient » pour objet le maintien et la défense de ses pro- » priétés. Or la dépense dont l'origine est liée à » la fondation de la société, doit reposer sur les » mêmes fondemens que la société, c'est-à-dire, » sur la propriété. C'est la seule chose qui soit éter- » nelle, c'est donc la seule qui puisse répondre de » ce qui doit durer autant qu'elle. Ainsi il doit y » avoir une proportion exacte entre les dépenses » de la première classe et l'impôt territorial et per- » sonnel. Ce n'est pas ce dernier qu'il faut élever » en proportion des dépenses qui doivent être ré-

» duites

» duites de manière à ce que la contribution di-
» recte puisse les solder.

» Ici se placent les pensions de retraite con-
» sidérées comme suite du traitement accordé aux
» fonctionnaires publics. C'est en leur assurant des
» secours pour leur vieillesse, qu'on les paye d'au-
» tant moins à l'âge où leurs services sont le plus
» nécessaires. Elles doivent être payées sur ce qui
» reste de la contribution directe, prélèvement
» fait des autres charges ; pour cet effet elles doi-
» vent être purement alimentaires, et n'être accor-
» dées qu'après de très-longs services.

» La France a une dette considérable, et pour
» une nation loyale, il n'en est pas d'une dette
» comme d'une dépense : elle n'est ni libre de la ré-
» duire à son gré ni d'en refuser le paiement. Tant
» qu'une dette légitime subsiste, il ne lui est jamais
» permis de suspendre le paiement des arrérages, de
» le modifier, de le morceler, d'intervertir les con-
» ditions du contrat, d'atténuer de quelque manière
» que ce soit, le droit des créanciers à la propriété
» commune ; droit de rigueur, qui ne laisse point
» au gouvernement la faculté d'en détourner l'em-
» ploi à aucun autre usage. L'honneur national au-
» tant que l'intérêt public oblige l'état d'acquitter
» les engagemens contractés en son nom. Je dis
» l'intérêt public ; et en effet une grande nation,
» quelque juste, quelque modéré que soit son gou-
» vernement, ne peut être sûre de vivre toujours
» en paix. La guerre est devenue si dispendieuse,
» qu'aucune puissance ne peut faire les frais d'une
» seule campagne avec les revenus ordinaires. Il
» n'est pas commun d'avoir comme dans la guerre
» actuelle, des domaines à vendre pour fournir à
» ses frais. Il faut donc dans ces cas extraordi-
» naires avoir recours à des emprunts. Il faut donc

» avoir du crédit. Il faut donc mériter d'en avoir, » et n'eût-on que ce motif, payer ses anciennes » dettes.

» Une nation endettée n'a plus pour ses dépenses » la disposition libre du revenu des domaines » qu'elle possède en propriété. Si elle n'avoit pas de » dette, le produit de ses biens seroit employé sans » doute aux dépenses publiques, en déduction de » l'impôt. Mais la première hypothèque des créan- » ciers porte de droit sur les propriétés nationales. » La capital est leur gage; le revenu, leur rétri- » bution. Elles cessent d'appartenir aux dépenses » publiques, à l'instant où la dette s'élève à leur » niveau. Mais lorsqu'elle les surpasse, il faut bien » créer de nouveaux revenus, et c'est là que com- » mence la nécessité des impôts indirects,

» Il s'est fait, à l'égard de ces impôts, une sin- » gulière révolution dans les têtes françaises. Il y » a huit ans que leur nom seul étoit odieux à la » nation. On se rappelle avec quelle fureur le peuple » attaqua tous les suppôts de la ferme-générale, et » combien l'inquisition du régime fiscal paroissoit » horrible aux nouveaux amans de la liberté. De- » puis ce tems, le gouvernement a tellement abusé » de toutes ses ressources, il a exercé tant de vexa- » tions; et, à force de désordres dans l'administra- » tion, il a élevé les besoins à un taux si excessif, » qu'il n'est plus d'invention qui ne paroisse salu- » taire, pourvu qu'elle promette quelques millions, » parce qu'on ne sait plus où l'on peut s'arrêter, » et qu'on se rappelle confusément qu'au tems de » notre échafaudage barbare de la gabelle et des » aides, on appercevoit moins de signes de détresse. » Cependant, tout ce qui étoit vrai en 1789, contre ce » genre d'impôts, est encore également vrai; et de » plus, ce qui étoit praticable avant que les idées

» de la liberté se fussent établies, n'est pas même » proposable aujourd'hui. *Il seroit impossible de » faire subsister six mois une république avec des » prohibitions, des privilèges exclusifs et des trai- » tans.*

» Mais s'il est des impôts indirects incompatibles » avec la liberté et le bonheur du peuple, ils ne » le sont pas tous. Avouons cependant qu'il n'en » est aucun qui n'ait des inconvéniens graves. Si » ce sont des droits sur les actes et sur les succes- » sions, ils attaquent les capitaux; si ce sont des » douanes, ils gênent le commerce; si ce sont des » patentes, ils entravent l'industrie; si ce sont des » taxes somptuaires, ils gênent la liberté, et de » plus, ils exigent tant d'employés, que la charge » des citoyens est toujours très-supérieure au pro- » duit réel qui entre dans les coffres de l'état.

» Les impôts indirects sont donc une calami- » té plus ou moins grande, et la nécessité seule » peut les autoriser. Mais cette nécessité existe » par-tout où il y a une dette publique supérieure » au revenu des propriétés publiques. C'est le cas où » nous sommes, ainsi nous ne pouvons avoir d'autre » mérite que celui de choisir ceux de ces impôts » qui sont les moins onéreux.

» J'ai dit à l'article des dépenses, que le devoir » du gouvernement étoit de les réduire au niveau » d'un impôt territorial ou personnel très-modéré. » Je suis forcé de dire le contraire à l'article de » la dette. C'est à son niveau qu'il faut élever les » produits, parce que le gouvernement et la nation » même n'ont aucun droit de réduction sur le mon- » tant de la dette. Il faut même porter les revenus » à un taux supérieur, car l'amortissement de la » dette est le seul moyen de diminuer la charge » toujours très-lourde des impôts indirects, et c'est

» à les anéantir en atteignant la dette, que doit » tendre sans cesse l'action du gouvernement.

A ces principes aussi simples que justes, j'ajouterai les réflexions suivantes que m'a suggérées une longue étude accompagnée de beaucoup d'observations sur le moral et les habitudes des hommes.

Les impôts se payent par des hommes qui, comme tels, sont sujets à des foiblesses, à des caprices, à des erreurs que le législateur peut bien chercher à rectifier, mais qu'il est imprudent, souvent dangereux et presque toujours inutile de heurter de front. Plus un impôt s'accommodera à ces foiblesses, à ces préjugés, plus, toutes autres choses égales, sa perception sera facile, et moins il y aura de non valeurs dans le produit.

D'après ce principe, il ne suffit pas qu'un impôt soit réellement peu onéreux pour les contribuables, il faut qu'il leur paroisse tel. Le gouvernement, à l'égard de ces derniers, se trouve ici dans la même position qu'un créancier vis-à-vis d'un débiteur fantasque, qui aimeroit mieux payer 120 liv. de telle manière, que 100 francs d'une autre. Ce débiteur n'est certainement pas très-sage, mais le créancier qui, pour ne pas complaire à ce caprice, aimeroit mieux lui intenter un procès, le seroit bien moins.

Le gouvernement doit respecter ces caprices et foiblesses des contribuables sous un autre point de vue, qui est le bonheur des gouvernés dont il est particulièrement chargé. Ce bonheur consiste souvent, (et peut-être toujours), bien plus dans l'imagination que dans la réalité. Si le contribuable qui paye réellement vingt sols croit, par la forme particulière d'un impôt, n'en payer que dix, il faut, toutes autres choses égales, préférer cette forme à une autre qui, dans la réalité, ne lui feroit payer que quinze, mais que son imagination évalueroit à trente.

La plupart des hommes sont mauvais économes; à peine sur dix, y en a-t-il un qui fasse des épargnes pour sa famille ou pour lui-même. Presque tous consomment leur revenu au fur et mesure; il y en a beaucoup qui le consomment d'avance, et qui consomment au delà en faisant des dettes.

Ce que les hommes ne font pas pour eux-mêmes, pour leur propre intérêt, comment veut-on qu'ils le fassent pour le gouvernement, pour l'intérêt de la société? Un patriotisme qui, dans ce genre, est le plus rare de tous, peut donner lieu à quelques exceptions, et engager des citoyens par excellence, à mettre de côté des épargnes pour le payement des impôts, tandis qu'ils mangent le reste; mais ce seroit une folie que de compter là-dessus comme sur une règle générale.

Cette triste vérité que confirme l'expérience de tous les pays et de tous les siècles, est fondée sur la nature même des choses. L'homme dans la société éprouve non-seulement à chaque instant des besoins réels, mais il est sujet à une foule de tentations pour satisfaire des besoins factices.

Si dans cette position, on veut qu'il mette de côté de quoi payer un impôt qui ne se paye et ne peut guère se payer qu'en bloc, et dont la moindre fraction est le quart de sa quote-part annuelle, il faut supposer que, pendant trois mois, il ait le courage de résister à chaque tentation de dépenser jusqu'à une pièce de deux sols, qu'il faut pour completter le montant de sa taxe pendant le trimestre. D'après ce raisonnement aussi incontestable que les faits sur lesquels il est fondé, on ne peut imposer une contribution directe, foncière, personnelle, mobiliaire ou somptuaire, (comme on voudra l'appeller,) payable par termes, qu'aux citoyens qu'on peut faire payer au moment de la vente. De ce genre sont les propriétaires fonciers, pour lesquels la fermier avance l'impôt, les fermiers et cultivateurs qui vendent à des époques fixes. Ces impôts mis sur toute autre autre classe de citoyens, produisent toujours beaucoup de non-valeurs, tout en exigeant des contraintes, des saisies, des faux-frais et des vexations sans nombre.

On partage ordinairement les impôts en directs et indirects.

On appelle impôts directs ceux qui sont payés directement par le propriétaire sur le revenu net de sa terre.

On appelle impôts indirects ceux qui, selon les économistes, et en grande partie selon la vérité et le fait, sont payés indirectement par les propriétaires fonciers, quoiqu'ils ne soient pas directement assis sur leur revenu, parce qu'ils portent, où sur les frais productifs de ce revenu, ou sur les dépenses.

Je dis, *selon les économistes*, parceque cette distinction donne lieu à une grande contestation entre ces derniers qui soutiennent, que tous les impôts tombent en dernière analyse sur la terre, les partisans du systéme opposé qui prétendent que tous les impôts sont payés par les consommateurs, et ceux qui, comme Smith, partagent le fardeau entre les uns et les autres.

Il est plaisant que cette division et les dénominations qui en résultent, aient été adoptées par les plus grands ennemis des économistes, quoiqu'elles aien pour base le principe fondamental de la théorie des derniers, que tout impôt tombe directement ou indirectement sur le revenu net des terres.

Je ne rejette pas cette division, parce qu'elle est très-féconde en excellens principes, et que, quand même tous les impôts ne tomberoient pas sur le revenu net des terres, elle n'auroit encore d'autre défaut que d'être incomplette, et de ne pas comprendre tous les genres d'impôts.

Mais d'après les réflexions qu'on vient de lire sur la disposition générale des hommes en fait d'impôts, j'attache une telle importance au mode de perception, que je crois nécessaire d'ajouter à la division ci-dessus, une autre qui a ce même mode pour base.

Au lieu d'examiner sur qui les impôts tombent directement, ou en dernière analyse, je considère quels sont les objets auxquels on s'adresse pour les faire payer, si ce sont les choses imposées, ou les personnes à qui ces choses appartiennent.

Je distingue donc avec le baron de Justi les impôts quelconques en réels ou personnels.

J'appelle impôts *réels* : (*quod percipitur in re*) ceux pour le payement desquels on s'adresse aux choses qu'on saisit immédiatement, lorsque le propriétaire ne paye pas ; personnels, ceux au payement desquels on contraint la personne même à qui appartient la chose imposée.

La dîme est un impôt réel puisque, pour la faire payer, on s'adresse à la gerbe qu'on emmène. La contribution foncière est un impôt personnel, pour le payement duquel on s'adresse au propriétaire ou à son fermier. Le droit que les commis aux aides percevoient sur les cabaretiers pour la vente du vin en détail, étoit un impôt personnel, puisque tous les mois, ou après le débit d'une certaine quantité de boisson, on s'adressoit au cabaretier pour le lui faire payer.

L'impôt perçu sur le vin à l'entrée des villes étoit un droit réel, puisque, pour le payement des droits imposés, on s'adressoit à la barrique ou au panier de vin qu'on saisissoit si le voiturier ne payoit pas.

L'impôt foncier sur les maisons, quoiqu'imposé sur une chose, n'étoit point un impôt réel, mais personnel, parce que, pour le faire payer, on s'adressoit au propriétaire de la maison, qu'on poursuivoit, dont on faisoit vendre les meubles, etc., et non pas à la maison.

On voit que le même impôt réel peut devenir personnel, et réciproquement suivant la forme d'après laquelle il est perçu. La dîme qui en France étoit un impôt réel, est devenu dans beaucoup d'endroits en Angleterre, un impôt personnel, parce qu'on a changé la dîme en nature en une prestation d'argent, pour laquelle on s'adresse au contribuable même, et non pas aux productions de sa terre. Le droit d'aides, sur la vente du vin en détail, étoit, comme nous avons vu, un impôt personnel, payable par les cabaretiers, proportionnellement à leur débit. Si, au lieu de percevoir ce droit après le débit, on l'avoit perçu auparavant sur chaque barrique qui seroit sortie de la cave du vigneron pour aller dans celle du cabaretier, ce même impôt seroit devenu réel, puisqu'au lieu de faire payer le cabaretier à la fin du mois, on auroit saisi la barrique pour la forcer de payer à son passage.

Je sais bien que cette distinction n'est pas grammaticalement exacte, et qu'à cet égard on peut élever plusieurs chicanes assez plausibles.

Pourquoi, dira-t-on, nommer impôt personnel la contribution foncière sur les maisons, puisqu'elle est assise sur une chose? Si l'on veut appeler réels tous les impôts pour le payement desquels on s'adresse à la chose imposée, l'impôt foncier que vous regardez comme personnel, deviendra aussi réel, parce qu'en dernière analyse, on saisit la terre ou la maison du propriétaire qui n'acquitte pas sa quote part de la contribution directe, etc., etc.

Je conviens qu'à la rigueur ces reproches sont fondés ; mais la distinction et les dénominations qu'on critique, me paroissent si fécondes en principes utiles pour la théorie des impôts, que j'ai cru devoir les conserver malgré leurs imperfections.

J'appelle donc impôt réel, celui qui non-seulement est imposé sur une chose, mais pour le payement duquel on s'adresse à la chose imposée, sans faire aucune attention au propriétaire, en sorte que, dès que celui-ci ne paye pas l'impôt, la chose est saisie pour en répondre.

On voit par là qu'un impôt réel, dans le sens que j'attache à cette dénomination, ne peut tomber que sur des objets mobiliers, tels que des marchandises, des boissons ou denrées qu'on peut saisir, sans d'autres formalités que de mettre en magasin ou en cave les barriques ou caisses qui les renferment, sur des bestiaux qu'on emprisonne dans une étable, jusqu'à ce que le droit soit payé. Il est tellement vrai que pour le payement de ces sortes d'impôts, on s'adresse principalement aux choses imposées, que si celles-ci passoient, sans être accompagnées du propriétaire, du conducteur ou du voiturier, comme cela peut arriver à des bœufs ou à des voitures qui entreroient à la barrière sans conducteur, on les saisiroit sans s'informer à qui elles appartiennent.

Il n'en est pas de même de l'impôt foncier. Car, quoiqu'en dernière analyse on saisiroit la terre ou la maison imposée, si l'on ne pouvoit, par aucun autre moyen, contraindre le propriétaire à payer sa quote-part, cependant on n'a presque jamais recours à ce moyen extrême; on envoye au contribuable des sommations, des huissiers, des garnisers; on saisit et fait vendre ses meubles; autrefois même on l'emprisonnoit; ce n'est qu'à la dernière extrémité que la chose imposée est saisie. Cet impôt est donc personnel, puisque pour le payement on s'adresse uniquement à la personne du contribuable.

Ces observations suffisent pour faire sentir toute l'importance de cette distinction fondamentale des impôts.

En effet, puisque pour le payement des impôts réels, on ne s'adresse qu'aux choses et non aux personnes; ces impôts ont sur les impôts personnels l'avantage inappréciable de n'exiger aucune contrainte personnelle, point d'envoi d'huissier ou de garnisers, point de saisie de meubles. On n'a affaire qu'à la caisse de savon, à la barrique de vin, qu'on emprisonne jusqu'à ce qu'elles payent, et qu'on fait vendre si personne ne vient payer pour elles. Cette caisse, cette barrique ne crient point, ne couchent pas sur la paille, etc. Le percepteur de l'impôt ne peut les vexer ni insulter, comme lui-même est à l'abri des injures ou mauvais traitemens du contribuable.

L'impôt réel ne peut jamais donner de non-valeurs résultantes de l'insolvabilité des contribuables. Il se paye naturellement à l'époque où le propriétaire, marchand ou consommateur peuvent l'acquitter. Il peut toujours être organisé de manière à réunir tous les avantages de la certitude; la quotité, l'époque et la manière du payement peuvent toutes être rendues certaines au suprême degré, en sorte qu'il ne puisse en résulter le moindre arbitraire, la moindre contestation entre le percepteur et le contribuable.

Les impôt personnels n'ont aucun de ces avantages, mais la contribution foncière que nous avons vu être un impôt personnel, mis sur le revenu net, a de son côté celui d'être parfaitement proportionnel aux facultés des contribuables, de ne pas porter sur le produit brut, comme font tous les impôts indirects, qui nuisent indirectement à la culture des terres mauvaises et médiocres, qui ont plus de peine à supporter des faix frais, d'être l'impôt le moins dispendieux pour la perception, et enfin de pouvoir toujours être organisée de manière qu'elle ne prive pas le cultivateur des avances nécessaires pour la culture et l'amélioration des terres.

Il viendra peut-être un temps où les hommes devenus plus rangés, plus économes et plus attachés à la chose publique, préféreront la contribution foncière sur le revenu net à tous les impôts quelconques, et la payeront avec la même facilité que les impôts réels. Mais d'ici à cette époque, je doute que jamais on parvienne à en faire l'impôt unique, sur-tout dans un état chargé d'une forte dette, et accoutumé depuis longtemps à de fortes dépenses, qu'on ne réduit pas comme l'on veut. La perception de tout impôt personnel, tant soit peu considérable, rencontrera toujours dans le moral des hommes des difficultés insurmontables qui balancent tous les avantages qu'un pareil impôt pourroit avoir d'ailleurs.

Nous avons vu les avantages inappréciables attachés aux impôts réels. Cela n'empêche pas qu'une mauvaise organisation ne puisse les rendre détestables; nous en avons eu des preuves multipliées dans les impôts indirects sous l'ancien régime, dont plusieurs, tels que la gabelle et les aides étoient accompagnés de vexations qu'un peuple, dont la masse auroit eu la moindre notion de la liberté individuelle, n'auroit absolument pu supporter.

Ici se présente une sous-division essentielle à faire dans les impôts réels. Ceux-ci peuvent être organisés de manière à être payés par le propriétaire vendeur, ou bien par le consommateur acheteur.

Ceux de la premiète classe ont le grand défaut de ne pas être payables au moment de la jouissance, et de dégénérer presque toujours en impôts personnels. Le droit perçu anciennement sur le vin, au moment de sa fabrication ou des vendanges, étoit au fond un impôt réel, puisque les commis chargés de la perception étoient les maîtres de saisir et d'enlever les barriques de vin dont on ne payoit pas le droit. Mais comme cet impôt étoit payable au moment de la récolte et avant l'époque de la vente, il auroit fallu saisir les trois quarts des barriques d'une récolte, par ce que la plupart des contribuables n'avoient pas pour l'instant de quoi payer, et que, dans une année d'abondance, tout le numéraire d'un canton vignoble n'auroit souvent pas suffi pour acquitter la totalité de l'impôt. Il a donc fallu changer cet impôt en personnel, en tenant un registre de ce qui étoit dû par les contribuables connus et solvables, qui se libéroient ensuite au fur et mesure de la vente.

L'impôt réel, payable par le consommateur, n'a point ce grave inconvénient, parce que non seulement il se paye au moment de la jouissance, mais à la volonté du consommateur qui ne le paye que lorsqu'il achète et qu'il a le moyen de payer; tandis que l'impôt réel, payable par le propriétaire, peut trouver celui-ci au dépourvu, et le forcer de vendre malgré lui pour s'acquitter.

Mais cet impôt réel, payable par le consommateur, peut être payé par lui directement, lorque l'impôt est perçu sur le débit en détail, comme cela avoit lieu autrefois pour le tabac, les droits d'aides sur les boissons débitées dans les auberges et cabarets, etc., ou bien indirectement, lorsque le consommateur ne paye qu'en dernière analyse, l'impôt que les marchands en gros et en détail avancent pour lui.

L'une et l'autre de ces perceptions ont leurs avantages et inconvéniens particuliers.

Lorsque l'impôt est avancé par le marchand, il retombe sur le consommateur augmenté de tout l'intérêt des avances pour le temps que la denrée ou marchandise imposée a payé l'impôt avant de venir au consommateur. Cette augmentation est d'autant plus forte, que la chose imposée passe par plus de mains, et reste plus de tems en route. C'est même l'inconvénient le plus grave des impôts payés par le cultivateur pour les matières premières des manufactures. Si celui-ci est obligé d'avancer l'impôt, il se le fait rembourser par le marchand en gros, plus les intérêts de ses avances; ce dernier en agit de même avec le fabriquant qui à son tour se fait rembourser par le marchand en gros, à qui il vend l'ouvrage fabriqué. Le marchand en gros traite de même le détaillant, jusqu'à ce que la marchandise arrive au consommateur, obligé de rembourser les avances, les intérêts, et les intérêts des intérêts de ces avances.

L'impôt réel avancé par le marchand se paye d'ailleurs en bloc, et avant la jouissance, tandis que, si on l'exige du consommateur, il est payé petit à petit, et au moment qu'il jouit.

Mais d'un autre côté, les impôts payés directement par le consommateur ne pouvant guères être perçus que sur le débit en détail, exigent des employés sans nombre, sont les plus dispendieux de tous, excitent plus que tous les autres à la fraude, assujétissent les contribuables à des visites domiciliaires, à des vexations et à une perte de tems incalculable. Ces inconvéniens sont tels qu'ils ne peuvent être compensés par aucun avantage.

L'expérience de tous les tems et de tous les pays fournit ici une observation qu'il faut toujours avoir présente à l'esprit, lorsqu'il s'agit d'impôts.

La gêne la plus insupportable pour un homme, c'est de n'être pas maître chez lui, et d'être forcé de perdre du tems, même lorsque sans cette obligation il en feroit un mauvais usage. Pourquoi les commis aux aides étoient ils si odieux, qu'on leur a donné le nom de rats de cave? C'est qu'à tout moment ils pouvoient aller chez un débitant, vrai ou prétendu, faire une visite domiciliaire, voir ce qui se passoit chez lui, et le forcer à perdre un tems souvent précieux, pour ouvrir à ces messieurs la cave, le grenier et l'armoire. Pourquoi détestoit-on tant ces congés de remuage? ce n'étoit pas pour les six deniers que coûtoit le papier, mais pour le tems qu'il falloit perdre à chercher le congé. Il en est encore de même pour les acquits à caution, pour les cartes d'entrepôts, etc., dans les ports ou places frontières où il y a des douanes. Tout cela ne coûte point d'argent, mais du déplacement et du tems, que beaucoup de gens racheteroient volontiers avec une somme considérable d'argent. Les certificats de résidence exigés des rentiers, joints à la queue qu'il faut faire pour avoir son numéro et les quarts et trois quarts payables, doivent être évalués à un impôt de plus de cinq pour cent, par la plupart des rentiers dont l'inscription est au-dessous de 600 liv., à cause du tems précieux que ces accessoires leur font perdre. Le droit de passe sur les routes, celui des entrées aux barrières, ont ces inconvéniens à un degré éminent.

Enfin, un principe fondamental en fait d'impôts, principe consacré par l'expérience, et que les législateurs ne devroient jamais perdre de vue, est celui-ci :

La quotité d'impôts qu'une nation peut payer, ne dépend pas uniquement de la masse de ses richesses, ni de la quantité de numéraire réel ou fictif qu'elle possède; mais elle dépend en grande partie de la vitesse avec laquelle l'argent levé par l'impôt, retourne à la source qui l'a fourni. Le vice radical de tout, impôt imaginable, est de détourner le numéraire de la route que la circulation ordinaire lui auroit fait prendre sans l'impôt; plus il retourne vite dans cette circulation, et plus, toutes autres choses égales, les contribuables sont en état de payer. Il est donc essentiel d'organiser la recette et la dépense, de manière que celle-ci ramène au plutôt le numéraire dans les mains qui l'ont versé à la recette. C'est à l'aide de la circulation rapide résultante de cette organisation, que l'Angleterre qui, avant notre révolution, n'avoit pas plus d'un demi-milliard de numéraire, payoit en totalité des impôts approchans de cette somme. Pourquoi la ville de Paris seule pouvoit-elle payer autrefois le cinquième de tous les impôts de la France? C'est que l'argent levé par les entrées et autres contributions, rentroit de suite dans la circulation, par les payemens faits aux rentiers et aux fonctionnaires publics; il n'alloit pas comme aujourd'hui constamment du centre à la circonférence.

La quotité d'impôts qu'on peut lever, n'est donc pas une quantité proportionnelle et fixe du revenu d'une nation, ou du numéraire qui est en circulation, puisqu'elle augmente ou diminue suivant que le prompt ou lent retour de l'impôt à sa source, donne ou ôte aux contribuables les moyens de l'acquitter. Il est étonnant que cette vérité, aisée à saisir, et confirmée par l'expérience de nos voisins, ne soit pas plus triviale qu'elle n'est.

Après ces reflexions générales, dont on peut tirer une infinité de conséquences et d'applications à tous les genres d'impôts quelconques; je vais analyser le discours du citoyen Gibert-Desmolières. L'analyse sera courte; parce que la critique est fondée sur les observations générales qu'on vient de lire, et qu'elle se borne seulement à quelques articles.

Observations sur le rapport du citoyen Gibert-Desmolières, en réponse à celui du ministre des finances.

1°. *Les contributions directes.* La réponse de G. D. justifie ce que j'ai avancé, que cet article seul laissoit pour cette année un arriéré de 140 millions, et même au-delà, puisque les deux cinquièmes mêmes ne sont pas entièrement perçus, et que la perception du troisième ne fait que commencer. Comment a-t-on donc pu compter le produit entier de cette contribution parmi les recettes de l'an 5, comme l'ont fait jusqu'ici tous les orateurs qui ont parlé du *budget?*

Mais une chose essentielle dont le citoyen G. D. ne parle pas, est une répartition plus égale, et sur-tout un mode de perception plus doux et plus actif à-la-fois. L'un et l'autre, je le répète, ne pourront être obtenus, sans une direction centrale pour la perception, qui f urnira en même-temps les moyens aux corps administratifs d'améliorer la répartition que la constitution leur a confiée. C'est une chimère que de vouloir exiger beaucoup d'activité et d'intelligence dans la perception, d'hommes nommés par les contribuables qu'ils craignent de poursuivre, d'hommes dont les places sont temporaires, et qui, par cela seul, sont peu au fait du travail que ce genre d'imposition exige, enfin d'hommes généralement mal ou point payés.

Je suis convaincu encore qu'une répartition de la contribution foncière aussi radicalement mauvaise que celle qui existe, ne pourra obtenir d'amélioration sensible, qu'à l'aide d'un cadastre. L'article du nouveau code hypothécaire qui exige la déclaration foncière de tous les débiteurs, fourniroit un excellent

excellent moyen pour y arriver en peu de tems; mais il paroît qu'on n'en veut point, non pas qu'on ait de bonnes raisons à alléguer contre, mais parce que c'est une nouvelle institution, qui n'est pas conforme aux idées qui étoient en vogue du tems des saisies réelles, et de l'édit de 1771, que bien des gens ne regrettent que parce qu'il a été fait avant 1791.

2°. *Le droit d'enregistrement.* Encore une ressource qui pour cette année laisse, non un arriéré, mais un déficit de plus de 40 millions. Les fraudes dont parle le ministre dans son message, et qui sont très-réelles, disparoîtroient encore en grande partie par l'adoption du nouveau code hypothécaire. Un fort droit sur les successions collatérales, impôt adopté en Hollande, pourroit augmenter le produit du droit d'enregistrement à un point incalculable. Ce seroit peut-être l'impôt le plus facile à percevoir, parce qu'il se payeroit, non-seulement au moment de la jouissance, mais à l'ép que d'une jouissance éventuelle à laquelle souvent le contribuable ne s'attendoit pas. Le citoyen G. D. auroit bien de la peine à démontrer à des gens versés dans les calculs de l'économie politique, que dans le conseil des anciens on s'est livré, relativement à cette partie, sur la valeur des domaines et les chances de la mortalité, à des spéculations idéales qui n'ont rien de positif. Je crois ce qui a été dit aux anciens à ce sujet, très-fondé, comme je soutiens que le ministre, dont je suis loin de partager toutes les opinions, a parfaitement raison, lorsqu'il dit que celles-là doivent prévaloir, qui tendront à faire mettre dans le commerce le plus de domaines qu'il sera possible, parce que le droit sur les mutations, qui forme le revenu le plus sûr et le plus facile à percevoir, est perdu pour tout ce qui tombe sur des établissemens publics ou autres, qui sont susceptibles d'être assimilés à l'ancienne main-morte. J'ajouterai, comme motifs de la même force, que tous les biens administrés par la nation (sans en excepter les forêts nationales), sont détestablement mal gérés, se détériorent et rapportent peu. Enfin, je démontrerai, dans un travail particulier, sur les presbytères, colléges et hôpitaux, que les biens de main-morte, communaux, ou comme on voudra les appeler, sont incompatibles avec les institutions républicaines.

2°. *Le timbre.* Le Cit. G. D. soutient avec raison qu'un taux modéré est plus productif qu'un taux forcé. Ce n'est point en augmentant la quotité du droit, dit le ministre, qu'on obtiendra d'avantage, c'est en étendant la matière imposable.

Mais je ne puis être de l'avis de rétablir les parchemins. C'est déjà assez que les besoins de l'état forcent d'imposer un droit de timbre sur les contrats, quittances, livres de négocians et autres actes indispensables dans les transactions commerciales; ce seroit une véritable tyrannie que d'exiger en outre des citoyens qui payent ce droit, qu'ils écrivent sur du parchemin qui coûte dix fois autant que le papier. Ce seroit ressusciter la barbarie des écritures à la grosse, invention concertée entre les avocats du fisc et de la chicane, à l'aide de laquelle un honnête homme qui réclame cinquante francs d'un coquin qui les lui nie, étoit obligé de faire barbouiller par un saute-ruisseau clerc de procureur, cinquante rôles d'une écriture gothique et presqu'illisible, qui lui coûtoient souvent le quart de l'objet de sa demande, pour exposer ce qu'il auroit pu écrire bien plus lisiblement, et en bon français, sur la moitié d'une page. Je ne connois pas de véxation qu'on puisse comparer à celle-ci, ci ce n'est une loi qui, pour augmenter le revenu des messageries, (en les supposant affermées avec privilège) forceroit un voyageur de passer par Dunkerque pour aller de Paris à Toulouse.

Le motif qu'allègue le rapporteur est encore plus détestable que le fond ; les parchemins, dit-il, sont une branche essentielle de commerce Si une fois ce principe du systême mercantile étoit adopté, qu'on pût établir un impôt dans l'intérieur pour favoriser telle ou telle branche d'industrie nationale, nous serions bientôt au niveau des anglais, qui ne peuvent porter des boutons de drap, parce que cela décourageroit l'industrie des fabricans de boutons de cuivre.

C'est graces à ces mille et une prohibitions et taxes sur l'industrie, qu'on paye aujourd'hui en Angleterre la viande vingt-sols la livre. Un exemple bien frappant de l'absurdité de ces sortes d'impôts créés pour favoriser, non pas l'industrie, mais le monopole de quelques individus, est le droit particulier de 20 shellings mis sur les sucres importés de l'Inde, afin d'encourager les planteurs de la Jamaïque. Comme ce droit, tout exhorbitant qu'il est, suffit à peine pour modérer l'importation des sucres de l'Inde, il est évident, que s'il n'existoit pas, toute l'Angleterre mangeroit le sucre, et en vendroit même aux étrangers, à meilleur marché d'environ 25 pour 100. Or en comparant ce surhaussement factice du prix des sucres, avec l'énorme quantité qui s'en consomme en Angleterre, on peut démontrer, Barrême à la main, que cet impôt est, sinon supérieur, du moins égal à la taxe sur les terres.

J'ai lu dernièrement dans un journal, une lettre d'un département frontière de la Suisse, dans laquelle on marque que le sucre n'y coûte que 40 sols, mais qu'il renchérira probablement bientôt, parce que d'après une circulaire du ministre, on a pris les plus grandes précautions pour empêcher la contre-bande. On voit par-là qu'en dernière analyse, l'effet des loix des douanes sur cette partie, et des circulaires que le ministre se donne très mal-à-propos la peine d'écrire à ce sujet, est de faire payer 60 sols le sucre, que sans ces loix et circulaires, nous mangerions pour 40. C'est en vérité se donner bien des peines inutiles, pour nous rendre un service dont nous pourrions nous passer.

Je reviens à nos manufactures de parchemins, et je dis, que si l'on veut forcer les gens de faire leurs quittances sur du parchemin pour encourager cette branche de commerce, je ne vois pas pourquoi on n'obligeroit point tous ceux qui contractent ou font un marché, de vuider préalablement un pot de bierre pour encourager les brasseries des gobelins ? ce seroit d'ailleurs conforme aux mœurs de nos ancêtres qui contractoient et discutoient *inter pocula*.

4. *Les hypothèques*. Le plan simple et uniforme que le citoyen G. D. dit être arrêté dans les bureaux du ministre, est tout simplement l'édit ostrogoth de 1771, d'après lequel un créancier maître-expert en chicane peut, avec une créance de cent francs, et même sans motif, *pour des raisons à déduire en temps et lieu*, arrêter le paiement d'une somme de cent mille écus, tandis qu'un fripon qui n'a que 10 mille liv. de bien, peut le grever de 100 mille écus de dettes, avec l'expectative pour son créancier, de consumer un tiers de sa créance en frais de saisie et ventes, pour ravoir les deux autres. Le travail de la commission spéciale sur le même objet, est si loin de pouvoir se concilier avec l'autre, comme le prétend le citoyen G. D., qu'il n'y a peut-être rien de plus contradictoire. Pour en donner un échantillon, il suffit de savoir que l'un est fondé sur la publicité des hypothèques que l'autre proscrit. C'est vouloir concilier l'eau et le feu. Je prie les lecteurs qui

ne sont pas au fait de cette matière, assez simple pour qu'on ait eu toute la peine du monde à l'embrouiller comme elle l'est aujourd'hui, de se procurer les écrits des citoyens Mengin et Jollivet, en attendant un nouvel exposé qui va paroître sous peu.

5°. *Les patentes.* Je répète qu'il ne faut pas compter sur leur perception en vendémiaire, et cela d'autant moins qu'une résolution, non seulement dispense les contribuables en retard des amendes qu'ils avoient encourues, mais ordonne même que les amendes payées leur seront rendues. C'est d'ailleurs un des impôts les plus difficiles à percevoir, et qu'il est presqu'impossible d'asseoir avec une justesse approximative; malheureusement on ne peut dans ce moment s'en passer.

6°. *Douanes.* Tous les gens sensés sont d'accord avec le citoyen G. D. pour rapporter ces prohibitions, effets d'un mouvement de colère qui dans les gouvernemens, comme chez les individus, produit rarement quelque chose de raisonnable. Mais je ne crois pas qu'il faille laisser les douanes telles qu'elles sont, parce qu'il y a des articles évidemment nuisibles à l'industrie et au commerce. Je les indiquerai dans un autre travail.

7°. *Les postes et messageries.* Le seul moyen d'en tirer un bon produit, sans nuire à la concurrence libre des voitures, que le gouvernement selon moi, n'a pas même le droit d'interdire, c'est de les réunir d'après un plan approchant de celui de Turgot.

11°. *Les domaines nationaux.* Je crois avec le citoyen G. D. que le ministre se trompe, en portant à trente millions la ressource des domaines engagés. Cette erreur qu'il partage avec bien du monde, vient de la manie de vouloir tout vendre contre de l'argent, ou du moins contre la quantité d'argent la plus grande possible. C'est la vraie manière de n'en rien retirer du tout. On ne réfléchit pas que, dans aucune époque des quatorze siècles de la monarchie, on n'a vendu ni pu vendre une portion considérable de domaines nationaux contre de l'argent; que si l'on n'avoit pas eu d'assignats, on n'auroit peut être pas vendu une abbaye, à moins de la donner pour le dixième de sa valeur intrinsèque; qu'on ne réussiroit en aucun tems, et à plus forte raison aujourd'hui, à vendre contre du numéraire, une masse de biens patrimoniaux de cent millions seulement, si on les mettoit à la fois en vente. Les domaines nationaux ne peuvent se vendre avantageusement, et ne doivent même loyalement se vendre, que contre des créances sur l'état. C'est l'hypothèque des rentiers, et chaque soustraction qu'on en fait, est un véritable vol, d'autant plus inexcusable qu'il est bête. Car enfin, si avec la vente d'un domaine qui, en argent, ne seroit vendu que dix mille livres, on acquitte cinquante mille livres de dettes, (ce qui est bien la moindre proportion dans les circonstances actuelles), je demande si l'état qui ne veut pas faire banqueroute, ne fait pas une affaire d'or dans ce marché? Si l'on s'étoit conformé à ce principe dès la première vente des biens nationaux, on ne seroit pas aux expédiens, pour trouver journellement environ soixante mille francs, pour payer à une queue de rentiers, le tiers de ce qui leur est dû. Mais cette maudite crainte de recevoir ce qu'on appelle des valeurs mortes, lorsqu'on a mangé les valeurs vivantes qui ont produit les premières, jointe à la manie de courir après des écus qui s'enfuyent dès qu'un gouvernement court après eux, ont fait accumuler la dette publique, qu'il étoit si facile d'éteindre.

Mais quand on vendroit des biens nationaux contre des chiffons ou de la paille, on aura de la peine à en tirer un bon parti, tant qu'il y aura le moindre doute, le moindre soupçon d'un retour sur les acquéreurs ; quel que soit le prix auquel ils ont acquis, pourvu que la vente ait été faite d'après les formes légales. Les motions indiscrètes, et impolitiques autant qu'injustes sur les presbytères vendus, quoique finalement rejettées, ont fait un tort infini à la valeur vénale des biens nationaux en général, pendant le tems que la décision a été en suspens. L'annullation d'une seule vente suffiroit pour faire craindre qu'on ne revint sur toutes, aussi toute motion qui tendroit directement ou indirectement à un retour de cette espèce, devroit être rejettée sur-le-champ par la question préalable, sans participer à l'honneur d'un ajournement ou d'un renvoi. Le ministre s'explique très-bien sur cet objet en disant : « la confiance fera payer les biens déjà vendus ; elle » élevera le prix de ceux qui restent à vendre ; son » défaut amenera des déchéances, et annullera pres- » que la valeur de ce qui reste de disponible ».

Mais il se trompe en croyant que, pour ramener cette confiance, il suffit que les acquéreurs ne soient pas troublés dans leurs possessions ; il faut qu'une déclaration solemnelle assure que, sous aucun prétexte, on n'exigera d'eux un supplément de paiement, ni une taxe extraordinaire. Il est fâcheux que cette déclaration ne soit pas un article constitutionnel.

Veut-on donner aux acquéreurs des biens nationaux une garantie supérieure à toutes les déclarations et promesses quelconques, même à celle que leur donne la constitution, une garantie qui les mette à l'abri de tous les recours imaginables ? Qu'on décrète le système cédulaire, ou la seconde partie du nouveau code hypothécaire. Ce système ne sera pas deux mois en activité, que non-seulement les biens nationaux seront confondus avec les biens patrimoniaux, mais que les propriétaires de ces derniers auront intérêt à soutenir les acqué-

reurs des biens nationaux. Pour donner tout le crédit possible aux cédules, il n'y auroit qu'à interdire au gouvernement, par une loi, la faculté d'en émettre; cette loi suffiroit, parce que la fraude en ce cas est impossible, comme je le démontrerai dans un écrit particulier sur cet objet important.

12°. *Rentes foncières non féodales.* C'est encore la fureur de grapiller des écus qui fait, que lorsqu'il s'agit de revenir sur les rentes foncières, mesure qui, quoique parfaitement juste, rencontrera beaucoup de difficultés dans l'exécution, au lieu de faire racheter le tout en inscriptions, le ministre ne se contente pas même du projet d'Ozun, qui veut faire payer un dixième en numéraire; il voudroit que les débiteurs de ces rentes, qui *auroient envie* de se racheter, fussent obligés de payer la moitié du prix du rachat en argent. Il faudroit en effet qu'ils eussent une furieuse envie de se racheter, pour consentir librement à cette clause, dans un tems où l'argent se paye deux à trois pour cent par mois sur la place. Ce qu'il y a de singulier, c'est que ces propositions de vendre les biens nationaux contre des écus, viennent souvent de républicains de bonne foi, qui croyent faire la plus belle chose du monde, en empêchant ce qu'ils appellent dilapider les biens nationaux contre des valeurs mortes, terme inventé fort à propos pour ceux qui ont de l'intérêt à ce qu'on ne les vende pas du tout, afin de les garder intacts pour le retour du bon vieux tems.

Je ne suis pas non plus de l'avis du ministre, qu'il faille faire racheter ces rentes foncières, partie en obligations à terme, conformément à la loi du 16 brumaire; et je crois encore moins, que si l'on adoptoit ce mode, le rachat de ces rentes procureroit à la nation dix millions en valeurs disponibles. J'ai déjà fait voir dans plusieurs écrits le peu de disponibilité de ces cédules à une, deux, trois, quatre années de terme. Ce sont dans les circonstances actuelles de véritables valeurs mortes, et que cependant les acquéreurs ou racheteurs regardent comme vivantes, dans le prix qu'ils mettent à l'enchère ou au rachat, parce que c'est pour eux de l'argent qu'il faudra débourser tôt ou tard. J'aimerois mieux qu'on ne permît le rachat en inscriptions qu'au denier cinquante.

13°. *Le droit de passe.* C'est encore un impôt qui pour le moment ne produira rien. Ce n'est pas uniquement à cause des préparatifs qu'on prétend être indispensables pour le percevoir, et sur-tout des ponts à bascules. Je crois que la plupart de ces préliminaires sont inutiles, et que le droit de passe peut fort bien être perçu sans faire peser les voitures, en le faisant payer à raison du nombre des chevaux. Mais c'est qu'il seroit tyrannique et hautement impolitique, d'exiger d'un roulier un droit de passe pour une route mauvaise où il est resté embourbé, et a eu bien de la peine à se tirer des ornières. Il faudroit donc auparavant réparer les routes. Et à cet égard, j'approuve l'idée du citoyen Marragon, qui veut qu'on ne fasse d'abord payer le droit de passe que sur le petit nombre de routes pavées et bien entretenues, qu'on applique ce produit à réparer, partie après partie, les routes délabrées, sur lesquelles on étendra le droit à mesure que la réparation sera achevée. De cette manière, l'impôt, loin d'être odieux, sera regardé comme un bienfait par le roulier qui ne craindra plus de se voir embourbé. Mais quelque parti qu'on prenne pour l'établir, il est essentiel de l'organiser de manière que les voyageurs soient arrêtés le moins possible, ensorte que si cela se pouvoit, ils ne payassent qu'au lieu de départ, en prenant leur passeport. Tout retard, toute perte de tems, toute gêne dans les voyages et le transit, sont tellement révoltans, contraires à la liberté des individus, et au commerce de transit, que si l'on ne pouvoit concilier l'exemption de ces gênes avec le droit de passe, il faudroit le rejetter sans hésiter un moment.

C'est pour éviter ces retards et gênes que je crois essentiel de percevoir le droit, par cheval attelé à la voiture, et non pas d'après le poids.

On objecte à cela que ce mode rendroit l'impôt inégal et injuste, parce que de petits chevaux qui ne voiturent que six ou huit quintaux, payeroient le même droit que des chevaux forts qui portent le double, et parce qu'un voiturier qui auroit pris quarante quintaux à Lyon, dont il auroit déchargé la moitié en route, payeroit toujours le même droit de passe, vû qu'on lui verroit le même nombre de chevaux. On dit de plus que les ponts à bascules sont le vrai moyen d'empêcher les rouliers d'avoir des voitures trop chargées qui abîment les routes.

Je réponds d'abord qu'en général, il est impossible de rendre un pareil impôt parfaitement juste, et qu'il vaut mieux chercher à le rendre moins vexatoire, que d'aspirer à une égalité chimérique. En faisant payer le droit d'après le poids, il y auroit toujours la même injustice, la plus criante de toutes, de faire payer le transport de cent livres de foin comme celui de cent livres de draps. En second lieu, si cette injustice relative étoit réellement sensible, elle engageroit tous les voituriers à se procurer de préférence des chevaux forts et robustes, ce qui ne seroit pas un grand mal. Mais ce droit est numériquement si peu de chose, que la différence à cet égard entre *le tirage* de différens chevaux sera à peine sensible. En effet, en portant le droit à deux deniers par lieue et par quintal, *ce qui est le double du tarif projetté*, et en supposant que quatre bons chevaux traînent six milliers, tandis que quatre chevaux médiocres n'en voiturent que quatre, la différence, sur une route de cent lieues, ne passeroit pas six sols par quintal. La même réponse s'applique à l'objection des voituriers qui déchargent en route; elle ne seroit plausible qu'autant que le droit seroit exhorbitant. Ajoutons que ces déchargemens en route ne sont que des exceptions à la règle générale qui est, que tout voiturier prend, tant qu'il le peut, son chargement plein pour toute la route.

Quant à la dégradation des routes par des voitures trop chargées, il est aisé d'y remédier de plusieurs manières. On peut d'abord défendre d'atteler plus de deux chevaux à toute charrette qui n'a que deux roues, défense qui sera en même tems favorable aux chevaux, les limonniers de ces voitures à deux roues étant souvent écrasés dans les descentes, lorsqu'elles sont chargées de six, huit et même dix milliers, comme cela arrive aujourd'hui. Il faut exiger en outre que ces roues aient des jantes larges, afin de ne point *entailler* le chemin. L'objection que cette défense exigera plus de voitures et de conducteurs, lorsque les bras sont déjà si rares, est aisée à réfuter par l'exemple des voituriers de la Franche-Comté, dont un seul conduit plusieurs voitures à la file, qui ne sont attelées que d'un cheval. Ceux qui ne voudront pas suivre cet exemple, peuvent se procurer des voitures à quatre roues, faites de manière que les jantes des roues de derrière soient toujours plus larges que celles des roues de devant, afin que les unes réparent l'entaille que font les autres.

En général, la construction des voitures, l'arrangement des harnois, la conduite des chevaux, et tout ce qui tient à l'attelage et au roulage, sont des choses pour lesquelles nous sommes bien inférieurs aux Anglais, et même aux voituriers de la Belgique. C'est un objet qui mérite la plus sérieuse attention de la part du gouvernement, comme je le ferai voir plus en détail, dans un travail particulier sur les postes et messageries.

Mais je le répète; ce droit de passe n'est point un impôt qui produira des ressources pour le moment, et pour peu qu'on ne puisse l'organiser sans gêner les voyageurs et les voituriers, il faut y renoncer.

14°. *Les droits d'octrois.* Si les citoyens occupés du travail qui, selon G. D. se prépare sur cet objet, étoient aussi persuadés que lui et moi que « quand on gouverne paternellement, il faut se » garder des impôts qui heurtent trop violemment » l'opinion publique, » ils se dispenseroient probablement d'achever la besogne. Ce ne sont pas *plusieurs communes*, comme dit le rapporteur, mais bien *plusieurs administrations municipales de communes* qui paroissent desirer le rétablissement de cet impôt, ce qui est très-différent. Si les gens très-instruits dans cette partie, avec lesquels la commission a eu des conférences, sont des citoyens qui y étoient autrefois placés, je suspecte un peu leurs lumières, parce que le plus honnête-homme du monde a bien de la peine à se défaire de cette prédilection pour un ancien état, prédilection qui est la mère de l'esprit de corps et de l'attachement à la robe. La commission auroit été mieux instruite si, au lieu de s'adresser à ceux qui ont jadis perçu ou fait percevoir cet impôt, elle eût consulté des gens également instruits qui l'ont payé, qui, au lieu d'ordonner des visites et saisies, ont été fouillés pour voir s'ils payoient bien, et saisis lorsque l'envie leur avoit pris de s'en exempter.

Les motifs suivans, au reste, me paroissent suffisans, pour engager la commission à ne pas se donner des peines inutiles, pour rétablir un impôt aujourd'hui presqu'impraticable, et qui, quand il seroit établi, produiroit à peine d'ici dans un an, de quoi couvrir les frais.

Je pose d'abord comme un principe reconnu par l'immense majorité, et peut-être par la totalité des deux Conseils, que les droits d'entrée de quelque manière et sur quelques objets qu'on les établisse, exempteront les citoyens de toute fouille sur leurs personnes. On ne voudra certainement pas faire revivre l'odieuse visite des femmes, pour s'assurer qu'elles ne portent pas quelques bouteilles d'eau-de-vie cachées sous leurs jupons. Et cependant toute visite ou fouille dans les poches méneroit nécessairement là.

D'aprés cela seul, les droits ne pourroient être perçus que sur les boissons, denrées ou marchandises qui entreroient en gros dans des bariques, des paniers, etc. Mais comme la consommation ne se fait pas en gros, que personne ne boit une barique, ni ne mange une tonne de sucre à-la-fois, et que le nombre des consommateurs intéressés à la fraude, est immense dans les grandes communes pour qui ces droits d'entrée sont particulièrement destinés, les neuf dixièmes des objets imposés entreroient en détail, et par conséquent sans rien payer. Les savoyards et les décroteurs quitteroient leurs brosses pour entrer le savon à la livre, et les porte-faix deviendroient bientôt des porte-bouteilles. On a mal-à-propos mis sur le compte des vices de l'ancien régime, lés vexations insupportables et la nuée de commis que ces droits d'entrée entraînoient; tout cela étoit inséparable de la nature même de ces droits. Si l'on avoit dispensé les piétons de toute fouille personnelle, l'impôt sur vin eût été nul, puisqu'un enfant dans sa journée auroit fait entrer deux barriques, à raison de deux bouteilles par voyage. C'eût été bien pis pour l'eau-de-vie, qu'à l'aide de l'esprit-de-vin on auroit fait entrer *en abrégé*. Il falloit donc visiter et fouiller, ou ne pas percevoir.

Il est vrai que, d'après les ordres précis de la ferme-générale, ces fouilles ne devoient se faire que sur des personnes mal habillées et soupçonnées de fraude; mais je ne crois pas qu'on s'avisera aujourd'hui de créer cette nouvelle classe de suspects. Il est évident que, sous ce point de vue, les droits d'entrée ne rapporteront pas de quoi payer les commis.

Mais quand il seroit possible d'organiser la perception de manière à éviter ces inconvéniens (ce que je nie), les circonstances particulières où nous nous trouvons, rendroient nuls pour une année peut-être le produit de l'impôt. En effet, pour pouvoir percevoir des droits *d'entrée*, il faut que les objets imposés *entrent;* or la crainte qu'on a eue depuis plus d'un an, de voir établir ces droits, a fait *entrer* tant d'objets de consommation dans les grandes communes, et sur-tout dans Paris, que si l'on établit des droits d'*entrée*, il y a à parier que, d'ici à bien du tems, il n'en entrera plus. Le vin entr'autres est tellement accumulé dans cette commune, que c'est une bien meilleure speculation dans ce moment, d'envoyer du vin de Paris à Mâcon, que d'en faire venir de Mâcon à Paris. Les droits d'entrée sur cet objet, le plus productif de tous, seroient donc, dans la première année, nuls pour le trésor public, ou pour la caisse communale. Voudroit-on, pour remédier à cet inconvénient, donner un effet rétroactif à la loi? Outre l'odieux même de cette disposition, il faudroit en venir aux visites domiciliaires, aux congés de remuage, etc. que personne, je crois, n'osera proposer.

Les droits d'entrée auroient donc le vice radical

de ne rien produire pour le moment, tandis que nous avons vu, et que nous savons tous, que c'est dans ce moment qu'il faut des ressources.

Les droits d'entrée sans fouille personnelle, auroient un autre inconvénient, celui d'exempter par le fait tous les objets de luxe qui renferment une grande valeur dans un petit volume, tels que les vins fins, les liqueurs, etc. pour charger de préférence les objets de première nécessité qui occupent un volume plus grand, que le pauvre consomme comme le riche, et même en quantité plus grande. Et quoique je ne regarde pas cette objection comme très-forte aux yeux d'un homme instruit, qui sait que les impôts indirects sur les objets de luxe sont généralement d'un rapport bien foible, et que, quand on en vient là, il faut bien imposer les objets de première nécessité ; je suis cependant persuadé, qu'elle feroit une impression forte et bien défavorable sur la multitude, dont on ne doit pas mépriser l'opinion en fait d'impôts.

Dans le moment actuel, tous les objets de consommation, le pain seul excepté, sont aussi chers et plus chers à Paris (1) qu'avant la révolution, lorsqu'il existoit des droits d'entrée énormes. Je demande si c'est-là un moment favorable pour rétablir ces droits qui ne feroient qu'augmenter la cherté excessive dont on se plaint ? Une foule d'objets qui payoient sous l'ancien régime, tels que le beurre, les œufs, le fromage, ne pourroient être imposés aujourd'hui sans exciter une espèce de révolte.

(1) Je parle toujours de Paris, parce que c'est la commune dont les dépenses locales pèsent le plus sur le trésor public, où les droits d'entrée doivent rapporter davantage, et où, par conséquent on compte les établir de préférence.

Dupont de Nemours a fait, contre l'établissement des droits d'entrée à Paris, une objection particulière à laquelle personne n'a encore répondu. C'est que depuis long-tems cette ville est un entrepôt immense de denrées et marchandises de toute espèce, entrepôt qui entretient le peu de commerce et de circulation qu'on y remarque, qui fait vivre des milliers de porte-faix, voituriers, mariniers et autres gens de peine, qui donne une valeur inappréciable aux loyers des maisons et magasins, etc. etc. Tous ces avantages s'évanouiroient en grande partie avec l'établissement des droits d'entrée; et l'on ne sauroit calculer les maux et la détresse qui en résulteroient.

Pour faire percevoir ces droits, il faudroit à chaque barrière, non-seulement des commis, mais une garde, et dans les commencemens sur-tout, une garde assez forte. Or, ce rétablissement de gardes aux barrières qui pourroient être fermées et gardées *ad libitum*, rappelleroit aux parisiens tant d'évènemens funestes, que cette circonstance seule rendroit odieux cet impôt, dont la perception a ce désagrément particulier, qu'elle ne peut se faire sans avoir pour spectateurs et témoins, tous ceux qui vont faire un tour de promenade.

Pour faire percevoir ces droits, il faut des commis, et des commis fidèles et actifs. Où les trouver aujourd'hui que les bras sont si rares? Les salaires étant généralement augmentés de moitié, ceux qu'il faudroit donner aux gens qui voudroient se charger de cet emploi peu attrayant aujourd'hui, n'absorberoient-ils pas la plus grande partie du bénéfice? On se trompe en croyant qu'on trouvera des compagnies qui se chargeront de la levée de cet impôt et en feront la recette; les places de fermier-général pour cette partie, ne seroient ni assez agréables

ni

ni assez lucratives, pour qu'il se présentât beaucoup de concurrens. Il faudroit donc mettre ces droits en régie; et l'on sait ce que les régies dans ce genre rapportent.

Enfin, (et je prie le lecteur de peser cette considération qui, dans les circonstances actuelles, me paroît de la plus haute importance), des groupes et rassemblemens se forment journellement de propos délibéré, et sans aucune cause accidentelle; ils sont assez nombreux, fréquens et turbulens pour inquiéter la police qui, de tems en tems, envoye des patrouilles pour les dissiper. Les meneurs de ces groupes ne demandent pas mieux que de trouver une occasion de les former à leur gré, et d'indisposer la multitude contre le corps législatif. Or, je le demande, s'il seroit possible de les mieux servir qu'en rétablissant dans ce moment les droits d'entrée aux barrières? La moindre dispute entre les commis et les fraudeurs, dispute que ces gaillards feroient naître à chaque instant, suffiroit pour rassembler en quelques minutes une troupe capable de devenir le noyau d'une émeute. Les jacobins et les royalistes en profiteroient pour rendre le régime actuel odieux, et faire désirer au peuple un autre ordre de choses, c'est-à-dire un bouleversement dont ils chercheroient à profiter. Comment empêcher la fraude à main armée, dans une ville où il y a tant de militaires non-employés, tant d'étrangers qui ne cherchent que des troubles? Je ne conçois pas comment, dans de pareilles circonstances, on peut proposer de rétablir un impôt si inquiétant pour la tranquillité publique, et qui justifieroit en quelque sorte les reproches d'un retour à l'ancien régime.

L'impôt sur le sel; la commission regarde le plan du ministre comme un vrai rétablissement de la gabelle. Elle l'a rejetté à l'unanimité; elle préfère un impôt sur le tabac, en établissant une manufacture nationale et un droit de douane sur les tabacs en foule venant de l'étranger.

J'ai copié en entier cette réponse, dont chaque phrase fournit matière à des réflexions assez importantes.

Si le plan du ministre consiste à proposer des magasins nationaux de sel, où tous les citoyens seroient obligés de s'approvisionner, comme la commission propose gravement d'établir des manufactures nationales de tabac, elle a très-sagement fait de le rejetter. Tout impôt sur le sel, mis ou perçu autrement qu'à l'extraction, toute vente exclusive ou privilégiée de la part du gouvernement, rameneroient infailliblement l'ancienne gabelle avec tous ses agrémens, parce que pour faire cette vente, pour percevoir un impôt quelconque dans l'intérieur, il faudroit employer des commis, et recourir aux visites et à toutes les vexations d'autrefois.

Mais si le ministre n'a regardé les magasins du gouvernement dont il parle dans son rapport, que comme des entrepôts libres et en concurrence avec ceux des particuliers, s'il n'a proposé de lever un impôt sur le sel qu'à l'extraction, comme j'ai tout lieu de croire, alors ce plan ressemble aussi peu à l'ancienne gabelle, que l'impôt foncier, mis sur les vignes, ne ressemble aux anciens droits d'aides, ou que le droit de vingt-cinq pour cent sur les tabacs venant de l'étranger, ne ressemble aux anciennes manufactures royales de tabac, que la commission propose de remplacer par une manufacture nationale. Le seul défaut du plan du ministre seroit d'avoir mal à propos amalgamé un droit perçu à la fabrication, qui seroit le plus simple des impôts, avec des magasins et des entrepôts dont le moindre défaut seroit d'être dispendieux et inutiles.

Je ne parle que d'après ce que le ministre dit dans

son rapport, parce que je ne crois pas qu'il ait remis à la commission un plan particulier.

Quant au droit sur le sel, perçu à l'extraction des marais salans, c'est non-seulement l'impôt le moins vexatoire, mais le plus instantanément productif qu'on puisse proposer dans ce moment. Le lecteur s'en convaincra par le mémoire sur cet objet qu'il trouvera à la fin de cette brochure.

Les tabacs venant de l'étranger payent déjà un droit de vingt-cinq francs par quintal, ou de cinq sols par livre pesant; il est possible de l'augmenter, sur-tout dans ce moment-ci que les tabacs sont généralement fort chers. Cependant il ne faudroit pas l'élever trop, crainte d'exciter à une fraude trop lucrative pour pouvoir l'empêcher, vû qu'en tems ordinaire le tabac de l'Amérique rendu en France, ne revient pas à huit sols la livre. Le grand défaut de cet impôt est, qu'étant mis sur un objet qui n'est pas d'une consommation générale, il faut l'élever au niveau du prix marchand de la denrée et même au-delà, pour en tirer un produit un peu considérable, et dès ce moment il n'est guères possible d'empêcher la fraude, sans visites et vexations dans l'intérieur.

Quant à l'impôt que la commission propose de percevoir dans l'intérieur, à l'aide du monopole, et en établissant une manufacture nationale, je prie les membres qui la composent de lire un mémoire du citoyen Rœderer, à ce sujet, qui se trouve dans le numéro du 10 floréal de son journal d'économie publique, et qui finit par ces mots :

» L'arbre de l'ancienne finance offroit aux regards
» plusieurs rameaux chargés de fruits faciles à cueillir;
» et l'impôt du tabac étoit celui dont l'aspect flattoit
» d'avantage. Les gens superficiels n'ont jamais re-
» gardé qu'aux branches de ce grand arbre, et ce
» n'est qu'aux branches, que regardent aujourd'hui

» ceux qui, pressés par le besoin des finances, re» cherchent dans le passé les moyens d'y subvenir. » Cependant ce n'est point ainsi qu'il est possible » d'apprécier sa fructification; avant de compter les » fruits, il faut observer la culture; avant d'élever » les yeux à la cime, il faut les jetter au pied; avant » de voir ce qu'il a produit, il faut savoir ce qui l'a » arrosé..... Ce qui l'a arrosé, c'est du sang ».

16°. *Les loteries.* Je ne suis pas leur partisan, mais je ne me serois jamais avisé que, parmi les raisons contre leur établissement, on eut sérieusement allégué le télégraphe, et cité l'aventure des courriers extraordinaires, qui n'a eu lieu qu'une ou deux fois, parce que cette escroquerie une fois éventée, étoit devenue impraticable.

Pour faire voir combien cette objection est futile, il faut d'abord observer que le télégraphe, les courriers extraordinaires, ou tout autre moyen d'avertissement précoce, ne peut servir qu'à deux escroqueries de cette espèce. La première à lieu lorsqu'un fripon, instruit sur-le-champ par ce moyen de la sortie des numéros, fait dans une ville éloignée des mises après cette sortie. Pour l'empêcher, il y a un moyen très-simple; c'est de faire comme on faisoit autrefois, fermer tous les bureaux la veille ou l'avant-veille du tirage. (1) La seconde friponerie ne peut se faire qu'aux dépens des buralistes des départemens qui vendent des billets tout faits. C'est celle que fit, je crois, un piqueur du prince de Guéménée. Il avoit disposé des chevaux de course sur toute la route de Lyon, de manière a gagner vingt-quatre heures sur le courier, Aussi-tôt le tirage fait à Paris, il partoit pour Lyon, faisoit la visite de tous les bureaux de loterie, et y achetoit tous les billets où se trouvoient des numéros gagnans. Pour empêcher cette ma-

(1) Voyez l'addition, à la fin.

neuvre, il suffit d'en publier la possibilité, et aucun buraliste de province ne sera assez fou pour vendre des billets passé le tirage.

Il y a bien d'autres inconvéniens attachés à la loterie; le plus grave selon moi est d'établir légalement à chaque coin de rue, un tripot qui engage les ouvriers et domestiques à voler leurs maîtres, dans l'espoir de gagner des ternes et quaternes. Mais, dans les circonstances actuelles, c'est encore un impôt précieux, parce qu'il est instantanément productif, et qu'il rapporte et se perçoit sans difficulté; quoique tout le monde crie contre.

Aussi ne voudrois-je jamais la voir établie que pour un an. Oui-dà, dira-t-on, un impôt une fois mis est éternel. Cet adage n'étoit pas rigoureusement vrai sous l'ancien régime; il faut espérer que le corps législatif aura assez de fermeté pour le démentir tout à-fait.

Enfin le rapporteur termine en disant : » que la » commission, avant de faire rentrer des recettes » nouvelles, a du assurer l'ordre dans les dépenses, » empêcher les négociations, les anticipations et » les dilapidations qui en ont été la suite ».

La commission auroit raison, si les recettes entroient au moment qu'on décrète les moyens. Mais, suivre cette marche méthodique, lorsqu'on sait que presque tous les impôts décrétés jusqu'ici, loin de produire de suite, ont laissé un arriéré effrayant après l'année échue, c'est s'exposer à voir envoyer au ministre des finances, de décade en décade, des billets doux, connus sous le nom de tableaux décadaires, dont voici un échantillon, pris sur celui de la décade courante, et dont on peut voir les détails dans le message du directoire, du 3 fructidor, qui se trouve dans le rédacteur du 4.

Il reste dû, pour les ordonnances *déjà délivrées*

pour services urgens et payemens exigibles, soixante-trois millions.

Non compris cette modique somme, il faut, pour le service courant de cette décade, 21 millions, dont 14 pour solde et subsistance des troupes, pour les rentes et pensions, traitemens constitutionnels et salaires, et 7 millions pour objets divers.

De ces 21 millions le ministre, qui probablemnnt a fait le rapport qui sert de base à ce message, ne compte payer cette décade-ci que 8 millions 850 mille livres, pour la solde et subsistance des troupes, pour les rentes et pensions, pour l'indemnité seule du corps législatif, et les dépenses de sûreté dans Paris. Il ajoutera donc environ douze millions à l'arriéré ci-dessus qui, pour la décade prochaine, sera de soixante-quinze millions au lieu de soixante-trois, et ainsi de suite *crescendo*.

Cependant les 12 millions élagués ainsi sont pour des dépenses, non-seulement du service courant, mais assez urgentes, puisqu'elles comprennent tous les salaires des employés et fonctionnaires publics, les hospices, l'entretien des digués de mer, les routes, les canaux et autres articles compris sous le nom générique *d'objets divers*. Mais c'est que ces dernières dépenses ne sont qu'urgentes, tandis que les premières sont *urgentissimes*.

Or, pour faire face à ces 8 millions 850 mille livres *urgentissimes*, on présume, *en exagérant contre toute probabilité et en forçant toutes les proportions*, que la trésorerie pourra fournir, sur les fonds existans 850 mille livres, qu'elle recevra, dans le courant de la décade, un million, et que les recettes effectives dans les départemens, pendant la dernière décade, s'élèveront à 7 millions.

Remarquez bien encore que, pour pouvoir compter sur cette rentrée de 8 millions 850 mille livres, il faut passer par-dessus un petit avertissement préalable qui nous dit, que la trésorerie, au premier apperçu, présente, au lieu d'un actif, un passif de 3 millions 790 mille livres qu'il faudroit chercher à recouvrer, avant de rien trouver de disponible pour le service des différens ministères; mais qu'à l'aide des fonds *présumés comme existans* dans les caisses de départemens, et en réunissant aux fonds existans au trésor public, les valeurs les plus disponibles, *on pourroit admettre la supposition* qu'on pourroit retirer, pour le service de cette décade, environ 800 mille livres.

Et tout cela, après que dans dix-huit mois on a déjà, pour me servir de la noble expression d'un ex-législateur, *cloué là*, de pleine autorité, deux ou trois arriérés pour fournitures, ce qui doit procurer les autres à grand-marché. Si le corps législatif ne décrète pas promptement d'autres ressources, il faudra encore *clouer là*, le nouvel arriéré courant de 75 millions; reste à savoir si après on trouvera *même des salaires* à pendre au clou.

Et puis, discutez des plans généraux de finances, des états de recettes et de dépenses, des tableaux dont on parle depuis si longtems, qu'on auroit pu les fournir faits en mosaïque, ou peints à la fresque.

Ce tableau décadaire cependant ne présente rien moins qu'une situation désespérée. Car enfin, en supposant les 21 millions demandés, strictement nécessaires, il s'ensuivroit que les dépenses annuelles, ordinaires et extraordinaires, n'excèdent guères 700 millions, pendant une année de guerre, et lorsque tout le monde se plaint de dilapidations, de gaspillage, de défaut d'économie et d'ordre. En remédiant à ces vices, qui ont déjà beaucoup perdu de leur intensité, et en tenant compte des mauvais marchés, suite indispensable de mauvais payemens et du défaut de moyens, on peut fort bien réduire les 21 millions à 18, et même au-dessous, ce qui ne porteroit la dépense annuelle qu'à 648 millions, y compris l'extraordinaire. Certes, il y auroit de quoi y faire face; mais ce n'est pas en ajournant, discutant, et faisant des plans et tableaux, qu'on y parviendra.

Avantages d'un impôt sur le sel mis et perçu à son extraction des salines et des marais salans.

1°. Le tableau ci-joint démontre jusqu'à l'évidence que, de tous les impôts additionnels imaginables, celui-ci seroit *le plus productif*. On y voit que le droit modique d'un sol six deniers par livre rapporteroit annuellemeut trente millions.

2°. C'est l'impôt *le plus instantanément productif*, puisque d'une part, le moment de le percevoir après la fabrication, et lors de l'enlèvement des sels approche, et que, d'un autre côté, la perception est assez aisée et assurée, pour pouvoir se procurer au besoin des avances sur la rentrée.

3°. La perception, comme on peut voir par le détail ci-joint, cotté B, exige si peu d'employés, que les frais ne passent pas 1 ½ p. %. Je ne connois pas d'impôt, sans en excepter la contribution foncière, qui présente le même avantage.

4°. Il ne faut, pour le percevoir, point de frais préliminaires.

5°. On voit encore par la piéce B, que la surveillance ne prend qu'un certain tems de l'année; une fois les meulons toisés et enregistrés, les propriétaires répondent du payement du droit.

6°. Cet impôt a, sur les droits d'entrée et sur une foule d'autres impôts, cet avantage inappréciable qu'il se lève à la circonférence de la république, et non au centre, sur une grande étendue de terrein, et non pas au milieu d'un grand rassemblement d'individus toujours prêts à murmurer contre la levée. Une fois établi, à peine s'en appercevra-t-on dans l'intérieur.

7°. Par cela même la fraude, quoique possible, est non-seulement très-difficile, mais il n'est guère probable que les propriétaires des marais salans qui seuls pourroient la faire, s'y exposent. Une autre raison pour empêcher la fraude, est que le sel, (même avec l'impôt proposé) renferme peu de valeur sous un poids considérable; pour peu que la fraude exigeât de transport et de frais, il ne resteroit plus de bénéfice. Il n'en est pas de même du tabac; car pour en faire un impôt qui rapportât le tiers seulement de celui sur le sel, il faudroit, au lieu de 25 francs le quintal, l'imposer au moins à 50 francs; ce qui feroit dix sols par livre pesant, et par conséquent, un appât plus que suffisant pour inviter à la fraude.

8°. L'impôt n'exige dans l'intérieur aucune surveillance, point de fouilles, point de visites domiciliaires, point de barrières; la perception peut s'en faire sous les formes les plus douces, et il est à cet égard exempt de tous les défauts qu'avoient les impôts indirets sous l'ancien régime.

9°. Le commerce ni l'industrie n'en éprouveront la moindre gêne, il ne porte sur aucun genre de monopole.

10°. L'impôt étant payé directement par le marchand en gros, et au moment de la vente, il n'expose à aucune non-valeur, et n'exige point de contrainte.

11°. En portant l'impôt à deux sols par livre, et la consommation annuelle à quatorze livres pesant par tête de tout âge et de tout sexe, ce qui comprend les grosses et menues salaisons, et le sel donné aux bestiaux, une famille de quatre individus ne contribuera par an que de cinq livres douze sols, payés sol à sol au moment de la jouissance.

12°. Cette modicité même empêchera l'impôt de retomber sur les propriétaires de marais salans, les consommateurs ne pouvant, d'un côté, se passer de cette denrée, et pouvant d'une autre part, économiser ce léger surcroît de dépense sur un autre objet.

13°. Sur les quatre qualités que Smith exige de tout impôt, le droit sur le sel perçu à l'extraction, en réunit trois à un degré éminent.

a. Tout y est certain, le tems du payement, la manière de payer, et la quotité à payer.

b. Il fait sortir des mains du peuple le moins possible au-delà de ce qui doit entrer dans le trésor public ; car il exige peu d'agens, et l'inquisition de ceux-ci ne met aucune taxe additionnelle sur le peuple ; il ne gêne point l'industrie générale, en l'empêchant de s'appliquer à certaines branches de travail qui feroient vivre un plus grand nombre d'individus ; comme il n'invite pas beaucoup à la fraude, il ne ruine pas les contribuables par des confiscations et amendes, et enfin il ne les expose à aucune de ces vexations dont ils se racheteroient volontiers en payant. D'ailleurs, ceux qui connoissent les localités, sont au fait d'une infinité de circonstances dans le détail desquelles on ne peut entrer ici, et qui toutes s'opposent au transport clandestin du sel, tel que la fraude l'exige.

c. L'impôt est levé dans le tems et de la manière qui convient le mieux aux imposés, puisqu'il se paye pour ainsi dire liard à liard, et au moment de la jouissance.

Objections principales qu'on a faites contre cet impôt.

1°. On a déjà voulu établir sous François Ier., un impôt sur le sel à l'extraction, et on a été forcé d'y renoncer parce que la perception étoit trop difficile.

En supposant le fait exact, peut-on sérieusement alleguer, en fait d'administrastion, une tentativo faite sous François Ier., lorsque les premiers élémens de toute assiette et perception d'impôts étoient encore inconnus? autant alléguer ce qui s'est fait dans ce genre, sous l'empereur Charlemagne. Tout ce qu'il s'agit de savoir, c'est si l'impôt peut se percevoir aujourd'hui. Or c'est dequoi conviennent tous ceux qui connoissent les localités.

2°. Les propriétaires des marais salans, et surtout les bretons s'y opposeront.

Il faut prévoir des objections de cette espèce contre tous les impôts imaginables, parce qu'à l'exception de la loterie, il n'y en a aucun qui ne blesse quelques intérêts particuliers. Ce n'est plus le moment de disputer avec les états de la Bretagne, pas plus qu'avec ceux du Brabant.

3°. L'impôt d'un sol 6 d. ou de deux sols une fois mis, il s'étendra comme une tache d'huile.

Cette objection peut également se faire contre tous les impôts. On a commencé par mettre un sol pour livre sur les contributions directes, et on a été jusqu'à douze; on auroit pu aller jusqu'à un écu par livre.

4°. Le sel sert à fumer les terres. Cela ne peut avoir lieu que très-près des marais salans; partout ailleurs le transport seul rendroit cet engrais impraticable. Au reste le long des côtes, c'est une plante connue sous le nom de Varec qui sert principalement à cet objet.

5°. Le sel sert aux bestiaux, motif qui a été allégué pour l'abolition de la gabelle.

Cette objection est fondée, lorsque l'impôt élève le prix du sel à un prix exhorbitant, comme faisoit autrefois la gabelle, mais le prix de 3 à 4 s, la livre n'empêchera jamais cet usage salutaire. Deux faits prouvent cette assertion sans replique.

En Suisse, où le sel vaut de 15 à 27 liv. le quintal, on en donne aux bestiaux autant qu'il leur en faut; (car il est bon d'observer que cette quantité est fort bornée.) peu de pays en Europe ont des bestiaux aussi beaux et aussi bien tenus.

On voit par les procès-verbaux des états de Provence, que ceux-ci réclamèrent en 1661, l'exécution d'un traité fait avec le gouvernement qui leur passoit le sel à 15 liv. le minot pesant 96 liv., parce qu'à ce prix on pouvoit en donner aux bestiaux.

6°. *Objection.* On demande pourquoi on imposeroit de préférence les propriétaires des marais salans dont le revenu est déjà atteint proportionnellement par la contribution foncière?

Réponse: C'est que l'impôt sur le sel est précisément celui qui tombe sur le consommateur plus que tout autre impôt; peut-être même, est-ce le seul des impôts indirects qui ne retombe pas sur le propriétaire. En effet l'on ne peut mettre ces sortes d'impôts que sur des objets de première nécessité, sur des objets de luxe, ou sur des objets qui tiennent le milieu entre les deux autres, ou en d'autres mots, qui sans être indispensables pour les besoins de la vie journalière, ne peuvent être regardés comme des objets d'un luxe superflu.

Les impôts mis sur les objets de luxe retombent plus aisément sur le propriétaire ou premier fabricant, par la raison que le consommateur qui ne veut ou ne peut augmenter sa dépense, peut fort bien s'en passer s'il les trouve trop chers, ce qui force le premier vendeur de compenser l'augmentation du prix provenante de l'impôt par une diminution dans le prix de la vente.

Les impôts sur les objets qui ne sont, ni de première nécessité, ni de luxe, tels que le vin, tombent moitié sur le propriétaire, obligé de diminuer le prix de la vente, en faveur des consommateurs qui ne veulent ou ne peuvent augmenter leur dépense pour l'objet imposé; et moitié sur les consommateurs, qui ne peuvent ou ne veulent s'en passer, quel qu'en soit le prix et qui aiment mieux économiser sur un autre article.

Quant aux impôts mis sur les objets de première nécessité, tels que le bled et le sel, il faut distinguer entre les denrées dont la consommation emporte une grande partie du revenu annuel, tel que le bled, et les denrées dont la consommation annuelle n'absorbe qu'une très-petite partie du même revenu, comme le sel.

L'impôt mis sur les premiers, retombe de suite sur le propriétaire, parce que très-peu de consommateurs ont un revenu assez considérable, pour pouvoir supporter le surcroit de dépense, et qu'au pis aller, ils seroient forcés de diminuer la quantité qu'ils consomment. Si l'on mettoit par exemple un impôt de six deniers par livre de bled, une famille de quatre individus, qui consommeroient l'un dans l'autre une livre et demie par jour, se trouveroit chargée d'un impôt annuel de 54 livres 15 sols, que la pluspart des consommateurs ne pourroient compenser par aucun retranchement sur une autre dépense. Il faudroit donc, de toute nécessité, ou que le laboureur donnât son bled à meilleur marché, ou que la majeure partie des consommateurs en consommât moins, ce qui à la fin forceroit également le premier de rabattre du prix de la vente.

Cet inconvénient s'applique particulièrement à l'impôt mis sur le vin, quoique cette denrée ne soit pas un objet d'absolue nécessité. La consommation pour ceux qui en font habituellement usage, est telle, que le moindre impôt affecte considérablement le revenu du consommateur. C'est une famille bien sobre qui n'en consomme qu'une bouteille par jour, et l'impôt de deux sols par bouteille n'est certainement pas exhorbitant, puisque Paris autrefois en payoit le double. Cet impôt cependant feroit pour cette famille 36 liv. 10 sols par an, ce qui la forceroit de retrancher une partie de cette dépense, et feroit retomber l'impôt sur les propriétaires des vignes. Aussi l'expérience a-t-elle démontré que l'abolition des droits d'aides n'avoit en aucune manière diminué le prix du vin, parce que cette abolition, loin de faire craindre une diminution dans la consommation, présageoit qu'elle seroit augmentée, ce qui a engagé les propriétaires à tenir les prix élevés, et à s'approprier tout le bénéfice résultant de l'abolition des droits.

L'impôt sur le sel, à moins d'être exhorbitant, comme il l'étoit dans les provinces de grandes gabelles, tombe en entier, et nécessairement sur le consommateur; parce que, d'une part, il est difficile de restraindre sa consommation sur une denrée aussi indispensable, et que d'un autre côté, l'augmentation de dépense qu'occasionne l'impôt, est trop peu considérable pour engager les consommateurs à cette privation. En portant la consommation annuelle à 14 livres par individu, un impôt de 2 sols par livre, ne fera pour une famille de quatre personnes, que 5 livres par an, accroissement de dépense qu'on peut aisément compenser par toute autre épargne.

7°. *Objection.* En mettant un impôt sur le sel, à l'extraction, vous procurerez un bénéfice éventuel aux particuliers qui en auront déjà en magasin.

Réponse : cette objection peut être faite contre tous les impôts possibles sur les denrées ou marchandises, lorsqu'à ces impôts on ne veut pas donner un effet rétroactif, ou des formes vexatoires, telles que les visites domiciliaires. On ne peut mettre un impôt sur le tabac (1), sur le vin, etc., sans favoriser momentanément ceux qui ont déjà du tabac dans leurs magasins, ou du vin en cave. Ce sont des inconvéniens passagers et inévitables, puisqu'ils tiennent à la nature des choses mêmes.

Je ne puis passer ici sous silence une expression qui est échappée à un des orateurs qui ont traité ce sujet à la tribune. Il a appelé ceux qui avoient du sel en magasin *des monopoleurs.* Cette expression date du beau règne de Chaumette et d'Hebert, lorsqu'on crioit haro sur tous les marchands qui ne vendoient pas des allumettes en détail. Appliquée aux marchands en gros, elle est extrêmement inconvenante dans la bouche d'un législa-

(1) Comme on l'a fait dern[illegible]

teur qui, sans être obligé d'entendre la langue grecque, d'où dérive le mot *monopole*, doit savoir qu'un monopoleur est un homme qui fait *exclusivement* le commerce d'une denrée. Or, pour pouvoir faire le monopole d'une denrée aussi abondante que le sel, on sait, sans être un grand grec, qu'il faudroit un privilège exclusif. La commission par exemple, qui propose une manufacture nationale de tabac, propose un monopole. Mais traiter de monopoleurs des négocians estimables, essentiellement utiles et nécessaires au public, qui font le commerce en gros, c'est pécher contre la langue et les convenances.

Sur le mode de perception.

Il y a environ 200 lieues de côtes dont les salorges établies par intervale occupent 70.

Les propriétaires des marais salans font leur récolte depuis le 20 prairial jusqu'à la fin de fructidor, (depuis le mois de juin jusqu'à la fin du mois d'août), mais les sels nouveaux ne se vendent guère dans la même année, du moins jamais avant l'hiver.

Le sel reste par tas, qu'on appelle meulons, au milieu de la campagne, ensorte qu'un seul employé sédentaire peut surveiller et toiser tous les sels qui peuvent se fabriquer dans l'étendue d'une lieue. Le toisé fait, le résultat doit être visé et enregistré à la municipalité, chose aisée, puisqu'il n'existe pas un seul marais salant qui n'ait la sienne.

Ces estimations premières enregistrées, doivent être soumises à l'examen d'un vérificateur par arrondissement de six lieues. Les vérificateurs à leur tour seront soumis à l'inspection de dix contrôleurs ambulans : d'après cela, il ne faudra pas plus de 150 employés, *joints à ceux des douanes qui existent déjà*

APPERÇU DU PRODUIT DE L'IMPÔT SUR LE SEL.

D'APRÈS M. Necker, qui nous a laissé un chapitre très-détaillé sur cet objet, il se consommoit annuellement,

	Population.	Ce qui faisoit par tête de tout âge et de tout sexe.	Prix du quintal du sel.
Dans les pays de grandes gabelles, 760 mille quintaux...	8,300,000	... 9 $\frac{1}{6}$ liv.	.. 62 [tt]
petites 640	4,600,000	... 11 $\frac{1}{4}$ ...	.. 33 10
de salines....... 275	1,960,000	... 14	.. 21 10
rédimés......... 830	4,625,000	... 18	6 à 12 »
Dans les provinces franches........ 850	4,730,000	... 18	2 à 9 »
dans les pays de quart-bouillon..... 115	585,000	... 19 $\frac{1}{2}$ ...	.. 16 »
347 millions de liv. pes.	24,800,000		

Mais on auroit tort de ne calculer que sur cette base qui ne porte la consommation annuelle qu'à environ 350 mille quintaux, parce que, comme on voit, un tiers de la population payoit la livre de sel plus de 12 sols, et un quart de cette même population la payoit plus de 6 sols ; ce qui rend l'évaluation fausse pour deux raisons ; 1°. parce que ce haut prix restreignoit de beaucoup la consommation annuelle, car dans les pays de grandes gabelles un individu ne consommoit que neuf livres et demie, tandis que, dans les provinces franches, cette consommation alloit à 18 et 19 livres pesant. 2°. Parce que ce même prix exhorbitant faisoit entrer beaucoup de sel en fraude qui n'entre pas ici en ligne de compte.

En prenant pour terme moyen la consommation de 14 livres par individu, telle qu'elle est fixée pour les pays de salines où le sel se vendoit 21 liv. 10 s. le quintal, (ce qui porte la livre à plus de 4 sols, prix encore très haut), on obtient déjà le même résultat.

Mais, en s'en tenant à cette évaluation évidemment trop basse, et en admettant que la Belgique, ou les neuf Départemens réunis, avec le ci-devant pays d'Avignon, le Comté de Nice et la Savoie, n'augmentent cette consommation que d'un septième, il faudroit, aux 347 millions de livres, ajouter 49 millions 570 mille livres, ce qui porteroit la consommation totale à près de 400 millions pesant.

Chaque sol d'impôt produira donc 20 millions, moins 500 mille livres pour les frais de perception, et en portant cet impôt à 1 sol 6 den. par livre pesant, ce qui n'éleveroit le prix du sel, pour les Départemens les plus éloignés, qu'à 4 sols, on s'assureroit un revenu net de près de 30 millions de livres.

Dans la consommation ci-dessus, sont comprises les grosses et menues salaisons pour les besoins de l'intérieur.

déja sur toutes les côtes et frontières de la république, pour la perception de ce droit, même en y comprenant les salines de la Lorraine et de l'Alsace; et tous les frais de perception pour un impôt qui, à 1 sol 6 den. la livre, produiroit 30 millions, ne passeront pas 500 mille livres, ce qui ne fait qu'un soixantième, ou 1 $\frac{1}{3}$ p. $\frac{0}{0}$ du produit brut.

On ne parle pas de la comptabilité, parce qu'elle se réduit à faire verser tout le produit chez les payeurs généraux des départemens de chaque marais salant.

Il y aura des acquits pour le sel exporté à l'étranger, qui doit être affranchi de tout impôt. Ces acquits et la surveillance sont l'affaire des douanes déja existantes.

L'impôt ne sera payé par le propriétaire qu'à l'époque de la vente.

SUPPLÉMENT.

Mon respectable ami, Du Pont de Nemours, a inséré, dans l'Historien du 5, au bas de mon analyse de l'ouvrage de Montesquiou, une note dans laquelle bien des gens ont cru voir qu'il me traitoit de traître et de contre-révolutionnaire. C'étoit si éloigné, et de son intention et de mes soupçons, qu'il me l'avoit lue avant de l'envoyer à la presse. Pour faire voir que la note ne dit rien de tout cela, et pour justifier en même tems l'impôt sur le sel, des reproches mal fondés que l'Historien lui fait, je vais l'insérer ici toute entière, avec mes observations en réponse.

Note de l'Historien. Comment *Saint-Aubin* peut-il dire une telle chose?

Un impôt sur le sel à l'extraction ne peut rester modique. Il est si commode d'y ajouter des sols ou des centimes, qu'on ne peut, lorsqu'on manque d'argent, résister à la tentation de le faire. Et tous les gouverpétiens disent toujours qu'ils manquent d'argent; si on les en croyoit, chez toutes les nations, il faudroit leur en donner trois fois plus qu'elles n'ont de revenus.

Cet impôt augmente donc par sa nature. Quand il devient cher, il invite à la fraude : pour réprimer celle-ci, on établit la vente exclusive, et l'on a *la gabelle* dans toute sa pompe. Le premier impôt sur le sel fut de *trois deniers* par quintal, sans vente exclusive. La vente exclusive est venue ensuite comme le fruit de l'arbre ; et les *trois deniers par quintal* se sont élevés jusques à *quatorze sols par livre*.

Cet impôt est inique ; car les marais salans sont une propriété foncière qui paie comme une autre sa contribution foncière, et au même taux ; elle ne doit pas en payer deux. L'état ne doit pas tirer d'un sac deux moutures.

Si l'on consentoit à cette iniquité pour le sel, on diroit bientôt qu'il n'y a rien de plus simple que de mettre un droit modique à la première extraction du vin, quoique la vigne ait aussi acquitté sa contribution foncière. Et voilà le droit de gros, puis le gros manquant, *le trop-bu*, les aides. Une nation qui, après avoir combattu huit ans pour sa liberté, retomberoit dans de tels piéges, deviendroit la risée de l'Europe.

Elle doit, sans hésiter, regarder comme traîtres et contre-révolutionnaires ceux qui auroient ou l'intention ou seulement la foiblesse de l'y conduire.

La lecture tant soit peu réfléchie de cette note fait voir que ce n'est pas moi que *l'Historien* traite de traître et de contre-révolutionnaire, mais ceux qui voudroient nous ramener à l'ancienne gabelle, à la vente exclusive du sel et du tabac, au droit de gros, au droit manquant, au *trop bu*, aux aides, soit avec l'intention perfide de nous ramener à l'ancien régime, en quoi *l'Historien* a raison, ou *par foiblesse*, ce qui est un peu fort. *L'Historien* oublie de parler de ceux qui proposent ces impôts détestables, avec les meilleures intentions du monde, parce qu'ils ne voient que ce moyen pour payer les rentiers et fonctionnaires publics. Ce sont encore là des gens qui peuvent nous faire bien du mal, mais qu'on ne sauroit, sans une injustice criante, appeler *traîtres et contre révolutionnaires*, dénominations au reste qui ne prouvent rien, car l'opinion d'un contre-révolutionnaire peut être fort bonne, tandis que l'avis *d'un bon citoyen, d'un excellent patriote*, peut par fois être très-mauvais.

Pour démontrer que les reproches que mon ami fait avec raison à l'ancienne gabelle, ne peuvent regarder l'impôt que je propose de percevoir sur le sel à l'extraction, il suffroit de rappeler au lecteur ce qu'il vient de lire à ce sujet dans les pages précédentes; je vais cependant y ajouter quelques réflexions.

J'observe d'abord que les reproches que *l'Historien* fait à l'impôt que je propose, tombent principalement sur les inconvéniens qui peuvent en résulter *par la suite*, inconvéniens qui, comme l'on verra, ne sont que purement possibles. Or si l'on ne vouloit jamais rien faire dont il put résulter des inconvéniens purement possibles, il faudroit ne jamais sortir, crainte qu'une tuile ne nous tombât sur la tête.

Quant à l'historique de l'impôt sur le sel, le premier de cette espèce dont l'histoire parle avec quelque certitude, est celui de Philippe de Valois qui, en 1342, établit *des greniers à sel* qui ont toujours subsisté depuis, ensorte que cet impôt n'a jamais été perçu à l'extraction, comme je le propose, mais a été basé, dès son origine, sur la vente exclusive et le monopole, ce qui est extrêmement différent. On ne sait pas au juste quelle fut la quotité de cet impôt par livre pesant, parce que Philippe ne l'établit pas sur le poids, mais sur la valeur du sel, à raison de quatre deniers pour livre du prix. Mais en supposant qu'alors l'impôt ne fut que de trois deniers par quintal, ce qui est assez probable, puisque sous Charles V en 1360, il étoit de quatre deniers par minot, il s'en suivroit que pour porter cet impôt d'un denier et demi (1) jusqu'à 14 sols par

(1) En comparant ce taux d'un denier et demi par livre pesant avec celui de trois deniers par minot, on croira d'abord que c'est un *errata*. Mais il faut observer que le prix moyen du marc d'argent qui est aujourd'hui de 50 francs, n'étoit que de 5 liv. dans l'origine de l'établissement de la gabelle, ce qui porte d'abord les trois deniers ci-dessus à 30 des nôtres. De plus, la valeur réelle de l'argent dans ces tems, étoit au moins quintuple de celle qu'il a aujourd'hui, [illegible] qu'un mouton qui coûte aujourd'hui 25 francs, coutoit au plus 6 sols d'alors ou 4 fr. d'aprésent, et que le setier de froment qui coûte aujourd'hui 24 francs, se vendoit alors 10 sols, ou cinq de nos livres. Cette considération porte les 30 deniers ci-dessus à 150, ensorte que l'impôt primitif étoit réellement de 6 sols et demi par minot ou d'un denier et demi par livre pesant. Je fais cette observation non pour chicaner sur l'assertion de l'*Historien*, mais parce que je vois tous les jours qu'elle échappe aux gens les plus instruits.

livre pesant, tel qu'il étoit avant la révolution dans les pays de grandes gabelles, il a fallu, non-seulement un monopole primitif, mais continué pendant *quatre cent cinquante ans* d'un gouvernement souvent despotique, toujours arbitraire et sur-tout souverainement fiscal.

Or, en mettant de côté la considération que le gouvernement sous lequel nous vivons, n'a, ou du moins ne doit pas avoir ces vices; et que l'impôt proposé exclut tout monopole, je vois pour marge quatre cents et tant d'années, qui, pour moi, sont une petite éternité. Prévoir les inconvéniens qui peuvent arriver dans quatre siècles, c'est être presqu'aussi prévoyant que ce malfaiteur anglois qui, ayant demandé à boire avant d'aller à la potence, souffla l'écume de la bierre parce qu'on lui avoit dit qu'elle occasionnoit la gravelle.

Il y a plus : l'augmentation d'un impôt quelconque, depuis la découverte des mines de l'Amérique, étoit dans l'ordre naturel des choses, et cette augmentation purement nominale, continueroit encore dans tous les pays, en dépit de toute économie, si ces mines avoient continué à être aussi fécondes qu'elles ont été. Qu'étoit la contribution foncière du tems que l'impôt sur le sel se bornoit à trois deniers par minot? pas le vingtième de ce qu'elle est aujourd'hui.

» Il est si commode, dit *l'Historien*, d'ajouter à l'impôt » du sel, des sols ou des centimes, qu'on ne peut résister à » la tentation de le faire, lorsqu'on manque d'argent ».

Cela est vrai pour tous les impôts du monde, et rien ne prouve mieux la vérité de cette assertion, que la proposition qu'il fait lui-même dans la note page 53 du même journal, « de lever, pour les établissemens de bienfaisance, » *quelques sols additionnels* à la contribution foncière, *un* » *peu* à la contribution mobiliaire, le doublement, (c'est » à-dire *vingt sols pour livre*) de la contribution somp- » tuaire, *quelqu'addition* aux patentes ». En étendant ainsi les sols additionnels sur les impôts directs, on finiroit par les élever à douze francs pour livre. L'expérience fournit la preuve que cette crainte n'est pas chimérique, puisque sous l'ancien régime nous avons vu en assez peu de tems, quatre deniers pour livre devenir seize sols pour livre.

Qu'est-ce qui doit nous rassurer contre cette extension illimitée des impôts, et ce qui seroit pis, contre leur dégénération en impôts vexatoires et arbitraires, en ventes exclusives, etc.?

La forme de notre gouvernement, la constitution, et plus que tout, l'opinion publique qui répugne et répugnera toujours aux barrières, aux visites domiciliaires, aux fouilles et aux monopoles. Si tout cela ne nous en garantit pas, les sols additionnels et le doublement de quelques impôts existans que propose *l'Historien*, nous en garantiront biens moins.

Dans la même note, page 53, il est dit: « que l'augmentation de la contribution mobiliaire et somptuaire » ainsi que des patentes, sont des formes de contribution » que la constitution ne réprouve pas, qui n'attentent » pas à la liberté, qui ne nuisent pas au commerce et au » travail ».

Si l'article XVI de la déclaration des droits est constitutionnel, comme je le crois, je soutiens que non-seulement les augmentations proposées par le citoyen Du Pont, sont réprouvées par la constitution, mais que les impôts mêmes qu'il propose sont les plus inconstitutionnels de tous.

En effet, cet article dit que *toute contribution doit être répartie entre les contribuables, à raison de leurs facultés.* Mon ami osera-t-il soutenir que les patentes sont, ou même qu'elles peuvent être réparties proportionnellement aux facultés des contribuables? Ces patentes qui, par leur nature, sont le plus inique de tous les impôts, en vertu desquelles le médecin et l'avocat célèbres qui ne donnent pas une consultation d'un quart-d'heure, à moins d'un louis ou deux, ne payent pas d'avantage que ceux qui sont bien aises de toucher cette somme pour le travail d'une décade; ces patentes qui font payer au jouallier qui, en travaillant nuit et jour, gagne mille écus par an, autant qu'à son confrère achalandé qui vend pour cent mille écus de diamans dans une journée; ces patentes qui mettent sur le même niveau le banquier qui d'un trait de plume gagne la valeur d'une terre, avec celui qui en escomptant toute l'année en gagne à peine le revenu, etc. Cet impôt qu'il faut payer d'avance sur un salaire qu'on n'est pas sûr de gagner, et dont l'arbitraire et l'injustice sont dans la loi même, ou plutôt dans la nature de l'impôt qui ne permet absolument pas de le rendre, *même approximativement* égal, juste et certain?

La contribution somptuaire et mobiliaire sont des impôts moins vexatoires et inégaux que les patentes; cependant ils ont aussi leur bonne part de ces vices. Quoi? parce que mon état, qui peut fort bien n'être rien moins que très-lucratif, m'oblige d'avoir un appartement décemment meublé, il faut que je paye le double d'un marchand de dentelles ou de bijoux, d'un courtier ou faiseur d'affaires qui, dans une boutique ou un galetas, gagnent plus d'écus que je ne gagne de sols? et tout cela d'après une estimation presque toujours arbitraire, en dépit de l'intelligence et de la probité de ceux qui sont chargés de l'assiette de l'impôt?

Enfin, comment peut-on dire que de pareils impôts ne nuisent pas au commerce et au travail?

Y a-t-il rien qui nuise plus à mon travail qu'une patente qui m'empêche de travailler et même de gagner de quoi vivre, si je n'ai pas *d'avance* de quoi la payer? comment entreprendre un commerce de commission dont le bénéfice est futur et problématique, s'il faut commencer par sacrifier 500 livres pour la patente? Je voudrois aller à la bourse, pour m'assurer du cours avant le départ du courrier; je ne le puis, parce que je n'ai pas payé de patente, etc.

Faudra-t-il pour cela rejetter ces impôts? non, parce qu'il faut que le gouvernement marche, que le corps social existe, et qu'il n'y a pour le moment d'autre moyen d'assurer cette marche et de garantir cette existence. Mais il ne faut pas conclure de là que ces impôts soient bons, et sur-tout qu'ils soient préférables à celui sur le sel à l'extraction.

Quant à la liberté, je crois qu'une patente qui me défend de travailler pour vivre, si je ne puis la payer d'avance;

que des contributions somptuaires et mobiliaires qui me forcent d'héberger des garnisers si je ne puis les acquitter, attentent à ma liberté pour le moins autant qu'un impôt d'un ou de deux sols par livre de sel, que je ne paye que lorsque je veux, pourvu toutefois que cet impôt soit exempt du monopole et des visites dans l'intérieur de la république.

Quant à la prétendue iniquité de faire payer deux fois l'impôt au propriétaire des marais salans, j'y ai répondu ci-dessus, page 60 où j'ai démontré qu'ils ne payoient qu'à raison de leur consommation, et que tout le reste retomboit sur les consommateurs de l'intérieur. Si le quart seulement de l'impôt le plus modique sur le sel retomboit sur le revenu net du propriétaire des marais salans, ce revenu seroit absolument anéanti. A la rigueur d'ailleurs, les sols additionnels ne tirent-ils pas aussi deux moutures du même sac ?

Il ne s'ensuit aucunement de là que j'approuve les impôts indirects ; mais dans la nécessité, je crois qu'il faut choisir les meilleurs, et très-certainement l'impôt sur le sel à l'extraction est, sans comparaison aucune, préférable à la contribution somptuaire et mobiliaire ; et surtout aux patentes, qui ne sont qu'une extension de la taille de défunte mémoire.

Je terminerai cet article en répétant, ce qu'on ne sauroit répéter trop souvent, qu'en général, et sur-tout dans un gouvernement républicain naissant, on doit choisir ; parmi tous les impôts imaginables, ceux dont la perception a les formes les plus douces, (1) quand même ils seroient plus onéreux pour les contribuables.

Le législateur doit faire tous ses efforts pour éclairer le peuple sur ses véritables intérêts ; mais en attendant que les lumières à cet égard soient répandues, comme elles le seront certainement un jour, il faut compatir à la foiblesse

---

(1) Raison pour laquelle je n'aime point les patentes, et encore moins les octrois, et autres impôts à visites et barrières.

des hommes qui aiment mieux payer cinquante francs par des détours et liard à liard, que quarante directement, et par dix francs à la fois. C'est une nécessité malheureuse, mais ce n'est pas moins une nécessité, que le gouvernement, en fait d'impôts, soit par fois forcé d'imiter ce charlatan dont la poudre, disoit-il, avoit fait revenir à la vie un enfant étouffé par un petit écu qu'il avoit dans le gosier, et que deux grains de sa poudre firent sortir en cinq pièces de douze sols.

Quelques personnes ont trouvé trop fort l'impôt d'un sol six deniers, ou même de deux sols, tel que je le propose. Mais en fait d'impôts indirects, accessoires et non permanens, il vaut mieux commencer par les établir un peu forts, sauf à les diminuer par la suite, que de les élever graduellement, en commençant par des deniers et finissant par des sols; cette méthode prévient l'inconvénient de la tache d'huile.

Un autre raison qui, dans les circonstances actuelles, doit sur-tout engager à préférer cette méthode, c'est qu'elle peut fournir au corps législatif et au gouvernement la perspective si douce, si flatteuse, si convenable au régime républicain, de pouvoir graduellement diminuer les impôts, phénomène dont presqu'aucun gouvernement n'a encore donné l'exemple, et qui seul suffiroit pour consolider la république.

Les lecteurs trouveront, dans le journal d'économie publique de Rœderer, qui paroîtra le 20 de ce mois, un plan que j'ai présenté dans le tems à la commission des finances, pour trouver sur ces sortes d'impôts additionnels, facilement et sur-le-champ, tous les fonds nécessaires pour assurer le service, pour le mettre au courant, et pour tirer la trésorerie de la détresse scandaleuse où elle se trouve *inutilement* depuis tant de tems.

P. S. Je proteste que dans cet écrit je n'ai eu en vue que la chose publique et non les individus qui ne partagent pas mon opinion, mais que je n'en estime pas moins, lorsque leurs intentions sont bonnes; aussi ne crois je pas qu'on puisse me reprocher d'y avoir mis la moindre personnalité.

Il se peut malgré cela que la hardiesse avec laquelle j'attaque ce que je crois être des erreurs préjudiciables au public, me fasse quelques ennemis. Mais encore une fois, pour être l'ami de tout le monde, il faudroit être de l'avis de tout le monde, et

Peindre tout comme on peint à la cour,
Où tout se peint en beau.

Et en vérité je n'ai pas ce talent-là.

SAINT-AUBIN.

ADDITIONS.

Sur les Loteries, Page 52. On prétend que sous l'ancien régime les personnes favorisées par la cour, escamotoient des ternes ou quaternes, en faisant inscrire leurs mises après la sortie. Pour se convaincre combien ce conte, qu'on fait entr'autres sur la famille Polignac, est un conte de *peau d'âne*, il suffit de se faire instruire de l'organisation de la loterie royale, quant à la clôture des mises.

Les registres de loterie dans les provinces étoient clos, non pas la veille du tirage, mais assez de tems avant le tirage; pour qu'un des registres clos (dont le buraliste conservoit le double) arrivât à Paris ou dans les quatre directions générales assez à tems pour pouvoir faire les billets imprimés contenant les mises, *billets qui tous étoient délivrés et expédiés avant le tirage*; après laquelle expédition on mettoit (*toujours avant ledit tirage*) tous les registres sous le scellé. La même chose se faisoit, proportion gardée au tems, pour les registres des buralistes de Paris.

Pour que la friponnerie dont il s'agit eût pu avoir lieu, il eût fallu mettre dans le secret 1°. un buraliste, soit de province, soit de Paris, qui eût laissé le blanc dans son registre. 2°. Le commis, ou plutôt les dix commis qui auroient reçu ce registre et fait faire les billets imprimés, car une mise, avant d'être changée en billet, passoit par environ dix bureaux. 3°. L'imprimeur qui auroit fait le billet après la sortie, lorsqu'on n'en faisoit plus. 4°. Un ou même deux administrateurs, et à la longue tous. Et puis tous les employés qui auroient pu survenir accidentellement, et les personnes de la cour qui en auroient eu connoissance, ou même qui en auroient profité? C'eut été véritablement le secret de Polichinelle. L'appétit d'ailleurs vient en mangeant, et comme cet appétit à l'ancienne cour, et sur-tout du tems des Polignacs, n'étoit pas mal vorace, et qu'il eût fallu appaiser de cette maniere plus d'un appétit, les sommes escroquées par ces ternes et quaternes de contrebande, auroient fini par absorber le bénéfice de la loterie. Que ceux qui ont cru jusqu'ici à ces balivernes, aillent consulter les anciens administrateurs et préposés de la loterie, ils seront bientôt guéris de leur erreur, par une foule de détails trop longs pour que je puisse les placer ici.

Je sais bien que ce conte fait originairement pour les badauts, a trouvé croyance auprès de plusieurs gens d'esprit; mais c'est que les gens qui ont le plus d'esprit, sont par fois badauts comme les sots, avec cette différence que chez ces derniers la badauderie est une maladie chronique, tandis que chez les premiers c'est une fièvre intermittente. Je me trouve très-content lorsque j'en suis quitte pour un accès par mois.

Pour rassurer le public contre toute friponnerie possible dans ce genre, il suffiroit, après avoir pris les mêmes précautions que sous l'ancien régime, de soumettre la régie ou administration aux commissions de surveillance des deux conseils, qui pourront prendre mille mesures pour mettre toute fraude dans la classe des choses physiquement impossibles.

Sur le Monopole, page 68. Je vois par le rapport du représentant G. D. rapport pour le reste assez conforme avec l'extrait dans *l'Historien*, sur lequel j'ai fait mon travail, que c'est lui qui s'est servi de cette expression. J'en suis fâché, mais je le répète, appliquée aux marchands en gros, elle est injuste et fausse dans tous les tems; aujourd'hui après une révolution qui a ruiné cette classe précieuse de citoyens, dont les spéculations empêchent la disette et la cherté bien plus qu'elles ne l'occasionnent, elle est inconvenante et impolitique au dernier degré. Je sais fort bien qu'en criant contre les monopoleurs, les agioteurs, les fournisseurs, les sangsues du peuple et les nouvelles fortunes, on se popularise auprès de la multitude; mais les gens sensés qui ont de la mémoire, se rappelleront toujours les jacobins qui ne se popularisoient pas mal en criant contre les accapareurs et vampires de la cour, les gros marchands, les anciennes fortunes des fermiers généraux et des gens de l'ancienne finance, dont ils firent guillotiner la plupart, sous prétexte *des profits scandaleux* qu'ils avoient faits sur le sel et le tabac.

Lorsqu'on a mis dernièrement un droit de 25 pour cent sur le tabac, a-t-on crié contre les monopoleurs qui en avoient des magasins pleins? Ce droit cependant faisoit cinq sols par livre. Si les partisans des octrois faisoient mettre un impôt sur le vin et l'eau de vie à l'entrée de Paris, traiteroit-on de monopoleurs les marchands de vin et même les particuliers qui en ont des caves pleines?

C'est, je le répète, l'inconvénient attaché à tous les impôts imaginables qu'on pourroit mettre sur les objets de consommation ou autres marchandises, à moins qu'on ne veuille en venir à l'odieux des visites domiciliaires, en donnant à ces impôts un effet rétroactif.

SAINT-AUBIN.

www.ingramcontent.com/pod-product-compliance
Lightning Source LLC
LaVergne TN
LVHW020439230826
846091LV00004B/1553
9782016169704